MEDITACIONES

para vidas complicadas

Título original: 5-Minute Daily Meditations
Dirección editorial: Marcela Luza
Edición: Florencia Cardoso con Carolina Genovese
Traducción: Sonia Gonzalez
Coordinación de diseño: Marianela Acuña
Diseño: Florencia Amenedo

First published in English by Althea Press, a Callisto Media Inc imprint

México: Dakota 274, Colonia Nápoles
C. P. 03810, Del. Benito Juárez, Ciudad de México
Tel./Fax: (5255) 5220—6620/6621
01800—543—4995
e-mail: editoras@vergarariba.com.mx

Argentina: San Martín 969, piso 10 (C1004AAS)
Buenos Aires
Tel./Fax: (54-11) 5352-9444 y rotativas
e-mail: editorial@vreditoras.com

Primera edición: febrero de 2019

ISBN: 978-607-8614-27-1

Impreso en México en Editorial Impresora Apolo, S. A. de C. V.
Centeno 150, local 6, Granjas Esmeralda,
Iztapalapa, C. P. 09810, Ciudad de México.

MEDITACIONES

para vidas complicadas

5 MINUTOS

diarios para lograr

BIENESTAR

V&R
EDITORAS

ESTE LIBRO ES UNA OFRENDA DE AMOR Y PERDÓN.
CONFÍO EN QUE SERVIRÁ COMO RECORDATORIO DE QUE VALE
LA PENA EL ESFUERZO, DE QUE MERECES SER LIBRE.
QUE TODOS LOS SERES SEAN FELICES.

ÍNDICE

EL VIAJE DE REGRESO A TU CORAZÓN

Gracias por elegir este libro y dar un paso hacia el bienestar de tu mente, cuerpo y alma. Es un honor para mí guiarte en este viaje hacia una mayor paz, calma y sabiduría.

Mi nombre es Sah D'Simone. En la actualidad soy profesor de meditación y coach transformacional con énfasis en psicoterapia contemplativa. Pero anteriormente fui director creativo y cofundador de una revista internacional de alta costura. El estilo de vida que vino con el éxito de la revista incluyó relacionarme con celebridades, asistir a fiestas y tener una vida en la alta sociedad. Por fuera, había alcanzado el nivel de éxito que la sociedad me decía que debía alcanzar.

Por dentro, sin embargo, había algo que pedía a gritos mi atención, mi ayuda. Cada mañana sentía un dolor persistente en el pecho. En vez de atenderlo, lo hice a un lado. Trataba de olvidarme de él con más trabajo, fiestas, drogas y alcohol. Pero no importaba de cuántas maneras tratara de evitar mi dolor interior, este siempre volvía.

Entonces, de repente y sin previo aviso, me vi obligado a abandonar mi compañía. En un solo día, todo por lo que había trabajado, todas las marcas de éxito que había acumulado, todo lo que había pensado que era real y permanente, desapareció. Todo lo que quedaba era la confusión interna que había estado tratando de ignorar durante tanto tiempo. Era un lugar aterrador, oscuro, incierto y, sobre todo, solitario.

Estaba vacío y aislado. Nada tenía sentido. La depresión me clavó sus garras. La culpa, la vergüenza y el miedo me llevaron a contemplar el suicidio.

Me tomó cinco años y múltiples viajes a la India y Nepal aprender a tratar mi depresión. Estudié con maestros de meditación, sanadores, científicos y maestros espirituales, quienes me ayudaron a entender mi mente y a enfrentarme a mi experiencia humana. Pero el viaje más importante que hice durante ese tiempo no me llevó al otro lado del mundo: me llevó de vuelta a mi propio corazón, del cual había estado muy lejos durante demasiado tiempo.

Mi viaje fue largo y arduo, pero el tuyo no tiene por qué ser así. No necesitas viajar al extranjero o hacer retiros espirituales prolongados para entrar en contacto con tu corazón. Puedes hacerlo donde tú quieras, solo necesitas tomarte unos minutos cada día para hacer una pausa, para percibir, para sentir, para reflexionar, para regresar al presente y descansar por un momento.

Este libro es mi invitación para que hagas precisamente eso: dar un paso hacia tu corazón, todos los días, durante el próximo año. Te ofrezco 365 meditaciones sencillas que incluyen trabajo de respiración, repeticiones de mantras, reflexiones, afirmaciones y visualizaciones. Cada práctica se puede hacer en solo cinco minutos, en cualquier momento del día y en casi cualquier lugar. No importa cuándo o dónde elijas hacer una práctica. Todo lo que importa es que elijas hacerla.

Al acercarte a tu corazón cada día, también aprenderás a amigarte con tu mente. La mente es el combustible del sufrimiento o de la felicidad. Somos seres humanos, y el dolor y el placer son partes inevitables de nuestra experiencia. Pero es lo que nuestra mente nos dice sobre nuestras experiencias lo que crea un sufrimiento sin fin.

Las prácticas de meditación en este libro pueden ayudarte a ver y a entender mejor el funcionamiento interno de tu mente. En el sentido tradicional, la meditación es un simple proceso de concentración que cambia la forma de relacionarnos con nuestro ser interior y con nuestro entorno. Meditar nos aleja del agitado y caótico diálogo interno de la mente y nos pone en contacto con la experiencia de vivir el momento presente. Aprendemos que lo que sea que estemos experimentando no define nuestra vida o quiénes somos, sino que es solo uno de los muchos momentos que pasan. Aprendemos que nuestros estados de ánimo cambian al igual que el clima, y no importa qué tan malo sea nuestro clima interno, siempre podemos volver a la calma de nuestro ser. Desde allí, podemos enfrentar todo lo que se presente con amplitud, resiliencia y alegría. Y esto nos conduce al perdón y al amor incondicional.

No puedo prometerte que dejarás de experimentar por completo emociones duras y dolorosas. Pero puedo prometerte que al dedicarte solo cinco minutos cada día, es posible deshacer lentamente los pequeños patrones mentales destructivos que te hacen sufrir. Así, encontrarás el camino de regreso a tu tranquilo centro interior y podrás vivir desde allí.

Bienvenido al viaje de regreso a tu corazón.

PRIMERA PARTE

COMIENZO

Enero

Vuelve a empezar

1

Deja atrás el pasado

"Hoy elijo desprenderme
de mi pasado y alinearme
con las más altas armonías.
Que esto me abra a experimentar
mi esencia e invocar mi poder".

Mantén esta intención en mente a lo largo
del día y observa cómo el universo te responde.

2

Asume la responsabilidad

A menudo hacemos cosas que no queremos hacer. Entonces, cuando nos volvemos infelices con las decisiones que hemos tomado, culpamos a la vida y a otros por el lugar en el que nos encontramos. ¿Y si te hicieras responsable del camino que tiene tu vida, en vez del culpar al mundo por lo que no te gusta?

Conscientemente, haz todo lo posible para pensar de esta manera. Si te das cuenta de que nuevamente comienzas a culpar a otras personas o eventos ocurridos en el pasado, perdónate y empieza de nuevo, y de nuevo, y de nuevo, tantas veces como necesites.

3

ENERO

Los pensamientos son predecibles

Los pensamientos se generarán sin tu ayuda. Así que puedes sentarte y verlos hacer lo suyo.

4

ENERO

¿Quién eres?

Imagina que ya no eres ninguno de tus roles. Ya no te defines
por tu rol en el trabajo o en la familia como hijo/a,
hermano/a, padre/madre. Ya no te define el dolor
y el sufrimiento que has vivido.

¿Quién eres ahora? Permite que las respuestas lleguen a ti.

5

ENERO

Están justo aquí

Nuestras cualidades innatas de bondad y amor están siempre cerca,
tan cerca como nuestra respiración.

6

ENERO

Afirmación de renacimiento

"Hoy renazco de una manera totalmente diferente. Tengo la fuerza interior para cultivar la paciencia y la sabiduría".

7

ENERO

Inteligencia Superior

Descubre e ingresa en la brecha que hay entre los pensamientos, entre cada respiración. En ese espacio tendrás acceso al potencial puro y encontrarás el contacto más cercano con tu corazón. Es allí donde surge una Inteligencia Superior, una que va más allá de lo que te hubieras imaginado.

8

ENERO

Encuentra tu refugio

Halla una posición de meditación cómoda: una postura que equilibre un estado de atención y relajación. Por ejemplo, puedes sentarte con la espalda recta en un lugar confortable, con las manos descansando tranquilamente sobre tu regazo. Cierra suavemente tus ojos y respira profundamente varias veces para volver a conectarte con tu cuerpo.

Ahora visualiza una línea que conecte el punto entre las cejas con la base de tu columna vertebral. Utiliza esta línea como objeto de enfoque para esta meditación. Si en algún momento tu mente se distrae, amablemente invítala a volver a concentrarse en la línea de tu columna. Descansa aquí durante cinco minutos.

Utiliza esta línea como refugio a lo largo del día. Cada vez que necesites conectarte con tu interior, imagina esta línea de nuevo dentro de ti.

9
ENERO

No te dividas

No se puede vivir en el pasado y en el presente al mismo tiempo.
Distingue cómo el pasado te ha afectado, pero enfócate en el momento
presente y en todas sus posibilidades. A lo largo del día, fíjate si estás
dividiendo tu atención y tratando de comprometerte con el pasado
y el presente al mismo tiempo.

10
ENERO

Une en lugar de separar

Nuestro impulso natural es amar profundamente, ayudar, conectar.
Sin embargo, las historias que tu mente te cuenta cuando esos impulsos
surgen te encierran en los viejos hábitos de separación. Con la ayuda
de la respiración, puedes reencontrarte con tu corazón y tomar
conciencia de los momentos que tú eliges integrar en vez de separar.
La conciencia te permitirá hacer la elección correcta.

11
<u>ENERO</u>

Mantra para un nuevo comienzo

Respira profundamente por la nariz y presta atención a tu respiración por unos momentos. Luego conecta tu respiración y tus pensamientos al mismo tiempo.

Inspirando, repite en tu mente: *Hoy me comprometo a observar todo con una mente de principiante.*

Exhalando, repite en tu mente: *Elijo vivir este día con asombro.*

Inspirando: *Elijo abrirme a nuevas posibilidades.*

Exhalando: *Elijo conservar la curiosidad.*

Inspirando: *Elijo notar detalles que normalmente no veo.*

Exhalando: *Elijo no comparar lo que estoy experimentando con una experiencia previa.*

12

ENERO

Sé la suerte de alguien

Realiza un acto de bondad al azar
y conviértete en la suerte de alguien.

13

ENERO

Afirmación para la claridad

"Cuanto más me conecto con mi interior, más cerca estoy de la realidad tal cual es".

14

Meditación del amor benevolente: la paciencia

Esta es una adaptación de una meditación clásica budista
llamada la meditación metta (o del amor benevolente).
Primero, concéntrate en tu respiración y relaja tu cuerpo.
Luego suavemente comienza a repetirte estas frases:

Puedo ser paciente.

Puedo ser paciente con mi familia.

Puedo ser paciente con las personas con las que entro en contacto.

Ahora nota cómo te sientes. Repite esta práctica
cuando te encuentres impaciente.

15
ENERO

El mapa no tan secreto

En nuestro interior está el plano de la vida de nuestros sueños.
Debemos descubrirlo y vivir según lo que nos indica.
¿Qué te hace sentir feliz? Hazlo. Esto te guiará hacia el siguiente paso,
y al siguiente y al siguiente.

16
ENERO

Afirmación para el cambio

"Hoy me conecto con lo que me gusta.
Hoy entreno mi mente.
Hoy pienso positivamente en todas las situaciones
que tenga que atravesar. Hoy puedo cambiar.
Hoy soy el cambio".

17
ENERO

Meditación de enfoque abierto

Ponte en una postura cómoda. Cierra los ojos
o mira vagamente el espacio frente a ti.

Con unas cuantas respiraciones profundas,
date la bienvenida a este momento.

Abre tu campo de conciencia y mira con "nuevos ojos"
todo lo que pasa por tu mente. Deja ir cada pensamiento,
no te detengas en ellos. Observa objetivamente tu mente,
esto te permitirá encontrar el espacio entre tú y tus pensamientos.

18
ENERO

Es tu elección

Puedes caer en la trampa del miedo o romper el ciclo del miedo.

19
ENERO

Todos nos beneficiamos

Tu sanación personal ayuda a sanar a quienes te rodean.

20
ENERO

Meditación de escaneo corporal: área abdominal

Presta atención a las sensaciones que genera la respiración
en tu cuerpo.

Ahora, concéntrate en tu área abdominal. Tal vez te des cuenta
de que tienes hambre. ¿Qué historias surgen con eso? Tal vez sientas
las sensaciones de la digestión. ¿Qué historias surgen con eso?

Observa todo lo que sientes en el área abdominal. Si no hay nada,
nota eso también.

Simplemente toma conciencia de las sensaciones en esta parte
del cuerpo. Sé consciente de tu abdomen, una respiración a la vez.

21
ENERO

Afirmación de responsabilidad personal

"Hoy participo activamente de mi experiencia interior. Elijo soltar el odio hacia mi persona, las formas inconscientes de odio hacia los demás y la culpa por no estar a la altura de los estándares que impone la sociedad. Soy consciente de que cuanto más creo que estos pensamientos dominan en mi mente, más lejos estoy de la verdad. Es hora de decirle adiós a todo el ruido interior. Yo soy suficiente y estoy haciendo lo mejor que puedo. Escucho las voces internas que apoyan este conocimiento".

22

ENERO

Un acto de poder

¿Qué pasaría si aumentaras tus propias expectativas?
¿Hoy puedes comprometerte a cambiar una creencia limitante
que te quita poder, por algo que te haga sentir más fuerte
y con más energía? ¡Tú eres tu único límite!

23

ENERO

Discernimiento natural

Sabes la diferencia entre lo verdadero y lo fabricado.

24
ENERO

Sutil pero poderosa

Hoy observa tus impulsos. Sé consciente de los viejos patrones arraigados en la agitación, la confusión y la impaciencia. Tal vez tienes la tendencia a enojarte con tus seres queridos o a irritarte con alguien del trabajo. O tal vez te llenas de rabia cuando te enfrentas con el tráfico todos los días, cuando sales de trabajar.

Recuerda que siempre tienes una opción cuando surge un impulso como este. Con tu respiración, tienes el poder de disminuir la velocidad de tus pensamientos y sintonizar los espacios entre el estímulo y la respuesta. Es ahí donde viven las soluciones a los problemas.

25
ENERO

Reconcíliate con tu pasado

Estemos en paz con todo lo que hemos hecho hasta ahora en la vida.

26

ENERO

El camino a casa

El viaje de la mente al corazón es tu práctica diaria.
Deja ir los pensamientos infelices y las emociones negativas,
y vuelve a la base, al corazón.

27

ENERO

Lo que no eres

Tus pensamientos o emociones negativas te desconectan de la verdad.
No eres tus pensamientos; solo los escuchas. No eres tus emociones;
solo observas. Cada vez que sientes una corriente de negatividad,
es una señal de que necesitas conectarte con tu verdadero ser
y volver al presente. Hazlo sintiendo la respiración en tu cuerpo.

28

ENERO

Tus historias crean tu vida

Aprovecha esta oportunidad para observar las historias que llevas contigo y sigue contándotelas. Comienza un nuevo capítulo.

29

ENERO

Conéctate con tu interior

Pasar tiempo a solas, sin distracciones, te invita a una experiencia directa con el centro de tu ser. La verdadera soledad es una oportunidad para conocer lo que podría estar saturando tu conexión con tu interior y con las otras personas. Es el tiempo sagrado donde puedes reunir tu corazón con tu mente y tu cuerpo.

30

ENERO

Saborea la verdad

Deja de revivir lo que sucedió en el pasado. El deseo constante de los "viejos buenos tiempos" o la tendencia a aferrarte a los recuerdos negativos te aleja de la verdad. La verdad es lo que estás experimentando en este momento presente.

Tómate unos minutos para estar en el momento presente. Una forma sencilla de hacerlo es decirte: "Ahora estoy… ". Por ejemplo, si estoy lavando la ropa, me digo: "Ahora estoy lavando la ropa".

31

ENERO

Debajo de los pensamientos

Aprecia los instantes libres de conversación mental, por muy raros que sean. Cuando te conectas con el momento presente, tienes acceso a la belleza, la abundancia, la creatividad y el potencial infinito más allá de lo que puedas imaginar.

Febrero

Amor propio

1

FEBRERO

Meditación del amor benevolente: el amor

Comienza por poner tu atención en la sensación que brinda
la respiración en tu cuerpo.
Luego repite suavemente estas frases:

Puedo ser amor.

Puedo dar amor.

Puedo recibir amor.

Ahora nota cómo te sientes. Repite esta meditación a lo largo
de tu día para recordar tu intención amorosa.

2

FEBRERO

Desapego

Es posible ver cosas sin atribuirles sentimientos.

3

FEBRERO

Tus sueños importan

Como personas adultas, a veces nos olvidamos de soñar.
Permítete volver a soñar. ¿Qué sueñas para ti? ¿Crees que tus sueños
importan? Tus sueños son importantes porque son la clave
para desbloquear tu potencial humano. ¡Por eso estás aquí!
Incluso si sientes que son inalcanzables, solo recuerda lo milagroso
que es que estés aquí, ahora mismo, leyendo estas palabras
en un cuerpo humano. ¡Qué gran sueño ya eres, solo por ser tú!
¡Qué milagro es tu vida!

4

FEBRERO

Libérate de los prejuicios

Evita hacer suposiciones cuando conozcas a otras personas.
Ten siempre una mente de principiante,
libre de prejuicios inconscientes.

5
FEBRERO

Tu propia magia

¿Qué lugares, cosas o personas despiertan la magia en ti?

Puede resultarte útil escribir estas tres categorías.

Concéntrate en tu respiración por unos momentos,
siéntela en tu cuerpo. Luego escribe las respuestas a estas
preguntas a medida que las recibas. Ahora pregúntate,
¿cómo puedo pasar más tiempo en los lugares, con las personas
y las cosas que me hacen sentir mágicamente bien?

6
FEBRERO

Espejos

Cuando ves tu propia bondad, puedes ver la bondad en quienes
te rodean. Recuerda siempre que nacemos buenas personas.

7
FEBRERO

Sé un imán

Naturalmente, nos atraen las personas que tienen un corazón lleno de compasión y paz. Estas personas llevan sabiduría y gracia. Síguelas.

Sé una de ellas. Sé alguien que transmite paz. Muestra paz en todo lo que haces. Respira paz. Sé paz. Vive la paz.

8
FEBRERO

En equipo

Pide ayuda. Ayuda a otras personas. No tengas miedo de cómo te ven. Te conviertes en un ejemplo para otras personas, y les permites hacer lo mismo.

9
FEBRERO

Solo un acto de sanación

Dar el primer paso hacia tu sanación puede ser difícil y solo depende de ti. Toma la decisión y haz una cosa cada día para comenzar a sanar. Sabes que puedes hacerlo.

Aquí hay algunas ideas: toma un baño. Respira profundamente por unos minutos. Llama a alguien que quieras. Escucha la música que amas. Visita una librería y déjate llevar por un libro nuevo. Cómprate flores. Toma una clase de yoga. Toma una siesta. Da un paseo por el barrio. Escribe en tu diario durante cinco minutos.

¿Qué acto de sanación puedes hacer hoy?

10
FEBRERO

Ríe en tu camino a la iluminación

Cuando experimentas un momento de gracia, donde tu voz interior
se queda en silencio y la crítica interna se ha ido, alégrate ante
esa libertad. Ríete por haber creído las historias que te contó
tu mente. Ríete por tener más sabiduría que ayer. La risa
te reconecta con tu cuerpo y con el momento presente.

11
FEBRERO

Dale la bienvenida al amor

Lleva toda tu atención a tus órganos sexuales, respira hondo y enfócate
en esos puntos de placer. Ahora repite en tu mente: "Libero toda
vergüenza, culpa y miedo. Les doy la bienvenida al amor y la bondad".

12

¿Realmente escuchas?

Estás aquí para escuchar con tu corazón, no con tus oídos
o tu mente. Mientras escuchas a alguien, fíjate si estás elaborando
tu respuesta antes de que haya terminado de expresarse. Si es así,
no estás escuchando realmente.

Cuando esto ocurra, presta atención a tu respiración y luego ofrece
tu completa atención a la persona a la que estás escuchando.
Repite esto todas las veces que sea necesario.

13

FEBRERO

Los ojos de la iluminación

La forma en la que crees que te ven las demás personas es parte
de tus pensamientos. Como crees que eres es, en realidad, tu apego
a historias pasadas, y esas historias no son ciertas. La forma en la que
te ve tu corazón es la verdad absoluta.

14

Exprésate

Cada vez que escondes tus cualidades innatas, detienes la corriente universal de milagros y maravillas. Reconoce cuando estás resistiendo el impulso de llamar a alguien solo para decirle "Te amo". Luego, llama a esa persona. Reconoce cuando estás resistiendo el impulso de sonreírle a alguien en la calle. Entonces, sonríele a esa persona. Reconoce cuando estás resistiendo el impulso de conocer a alguien. Entonces, conoce a esa persona.

15

FEBRERO

Tienes un legado

¿Cómo quieres que te recuerden? ¿De qué vivirás cuando ya no tengas trabajo, dinero, ropa y todas esas cosas con las que creaste la vida que querías mostrarles a otras personas? Lo que realmente importa es la profundidad de tu amor. ¿Cómo amarás hoy?

16

FEBRERO

Honra las relaciones

Que tus amistades y tus seres queridos sean una inspiración
para comunicarte clara y honestamente. Que sean señales para
no hacer suposiciones sobre otras personas, sino para tratarlas,
y tratarte, con respeto. Que esa comunicación honesta les recuerde
a menudo lo que hizo que se unieran.

17

FEBRERO

Escucha la canción del corazón

Hoy, escucha lo que tu corazón tiene para contarte.

Con la ayuda de tu respiración y una intención llena de amor,
pregúntate: "¿Cuál es el deseo de mi corazón?". Y permite
que la respuesta te llegue.

18
FEBRERO

Respiración consciente

Siéntate cómodamente, con tu columna vertebral derecha y relajada. Permite que tu mirada descanse suavemente en un lugar justo delante de ti, o simplemente cierra los ojos. Deja tus manos donde las sientas más cómodas.

Comienza a llevar tu atención a la fuerza interior de tu respiración. Observa el movimiento del aire que ingresa y sale de tu cuerpo durante cinco minutos. Si tu mente se distrae, invítala nuevamente a seguir el recorrido de tu respiración.

Cuando hayas terminado, tómate unos minutos para notar cómo te sientes. Por ejemplo, ¿eres consciente de los latidos de tu corazón? ¿Sientes comezón en alguna parte de tu cuerpo? ¿Sientes calor? ¿Eres consciente de tu respiración? Observa y nota toda experiencia física.

19
FEBRERO

Afirmación de autoaceptación

"Me amo y me acepto tal como soy".

20
FEBRERO

Queridas personas difíciles...

Hoy, diles a todas las personas que te desafían en la vida "Gracias por ayudarme a desarrollar mis mejores cualidades: compasión, amabilidad, valor y calma. ¡Te amo y te respeto! Estoy haciendo todo lo posible para verme en ustedes".

21
FEBRERO

Afirmación de amistad

Hoy deseo, amigos, que me recuerden por mi bondad innata,
aunque nos hayan hecho creer que no somos buenas personas
o que nos quebrantaron y no merecemos nada.

Hoy deseo, amigos, que me quieran profundamente y, al ofrecerme
su presencia y gracia, me den tiempo para entender mi historia
y encontrar mis verdaderos sentimientos.

Hoy deseo, amigos, que tengan sabiduría, inteligencia y valentía,
que me inspiren a mejorar cada día.

Hoy deseo, amigos, que me animen a explorar un territorio
intacto dentro de mí.

Hoy deseo, amigos, que acepten mi imperfección
sin un solo pensamiento de juicio.

Hoy deseo amigos que me recuerden mi natural compasión.

22

FEBRERO

Siente la conexión

Un acto desinteresado realizado en beneficio de los demás es una práctica profunda que abre el corazón. Los actos compasivos y altruistas nos recuerdan que todas las personas estamos conectadas. Haz algo por alguien más hoy. Nota cómo se abre tu corazón: así es como se siente la conexión.

23

FEBRERO

Personas que nos ayudan a sanar

Cuando te encuentres con alguien que te ayude a ejercitar tus mejores cualidades, que te ayude a ver la luz, que pueda encontrarte en medio de un profundo silencio interior, que tenga las mismas ganas de autosuperación y de mejorar al mundo que tú, mantén cerca a esa persona y devuélvele todo lo que te transmite.

24
FEBRERO

Meditación de escaneo corporal: centro cardíaco

Siéntate en una posición cómoda o, si prefieres, acuéstate boca arriba.

Empieza a respirar profundamente, sintiendo paz.

En la exhalación, suelta cualquier tensión.

Lleva tu atención al pecho, al área del corazón. Explora esta área:
¿qué emociones estás sintiendo?

Experimenta la compasión dentro de tu centro cardíaco. Presta especial
atención a las sensaciones de calidez y de apertura.

Con una mente atenta y abierta, continúa respirando.
Con cada respiración simplemente observa cada emoción,
déjalas ser y permite que sigan su camino.

25

FEBRERO

Personas que inspiran

La vida es un milagro profundo y debe vivirse como tal.
Rodéate de la gente que despierta la magia que hay en ti, que te hace
reír a carcajadas en público, que te habla siempre desde el corazón,
que te muestra nuevas experiencias y te ayuda a superar tus viejos
hábitos. ¡Haz que cada día cuente y añade algo a la vida todos
los días! Y lo más importante de todo, una vez que lo hayas
incorporado, comparte el secreto con todas las personas
que te rodean. Porque el secreto para vivir bien es dar.

26

FEBRERO

La situación actual

Tu relación con el momento presente define quién eres.
Te muestra la verdad sobre tu situación.

27
FEBRERO

Tu verdadero ser

Constantemente estamos actuando. Actuamos tan bien que
a menudo creemos las mentiras inocentes que contamos
sobre cómo nos sentimos realmente todos los días. ¿Cuántas veces
te han preguntado "¿Cómo estás?" y has respondido "Bien",
cuando en realidad estabas muy lejos de sentirte así?
Si bien tenemos que hacer lo necesario para funcionar
social y profesionalmente, es importante reconocer
lo que en verdad sentimos.

Cada día tómate unos minutos para responderte la pregunta
"¿Cómo estás realmente?". Cuando practicamos estar presentes,
ser reales y auténticos, abandonamos la actuación habitual
y nos reencontramos con nuestro ser interior. Nos damos
el privilegio de conocernos en profundidad, al mismo tiempo
que somos quienes necesitamos ser en el mundo.

28
FEBRERO

Invocación al coraje

Pregúntate cómo puedes ayudar a detener el odio. Tal vez el odio se manifiesta como un sentimiento que tienes hacia alguna parte tuya, o tal vez se refleja en el mundo en general, o ves odio en tu comunidad. ¿Qué puedes hacer para inspirar compasión y coraje?

Hoy eres parte del cambio.

Hoy tienes el coraje de tomar la iniciativa,

El coraje de decir no,

El coraje de asumir la responsabilidad,

El coraje de aprender de tus errores,

El coraje de disculparte,

El coraje de dejar ir el pasado,

El coraje de ayudar a otras personas,

El coraje de cumplir tus compromisos,

El coraje de pedir ayuda,

El coraje de amarte tal como eres,

El coraje de vivir con integridad,

El coraje de desafiar tu historia,

El coraje de soñar en grande,

El coraje de ser quien eres,

El coraje de hacerte escuchar,

El coraje de abrir completamente tu corazón,

El coraje de guiar.

Marzo

Alineación

1

MARZO

Acércate a la verdad

La liberación comienza cuando te das cuenta de que no eres
tus pensamientos, solo los observas. No creas todo lo que piensas.
Recuerda que cuanto más creas en tus pensamientos,
más lejos estarás de la verdad.

2

MARZO

Refuerzo interior

Tenemos un coro de voces internas que nos hablan a cada momento.
¿Qué voz deberías escuchar? Aquella que te alienta en forma positiva.

3

MARZO

Un nuevo vínculo

¿Alguna vez sentiste enojo o envidia cuando viste a alguien
con una madre o un padre que le demostraba cariño?
Algunas personas no crecimos con una nutrida presencia de nuestra
familia, por lo que esa idea podría resultarnos extraña,
e incluso es posible que nos genere rechazo debido
a la falta que sentimos.

Mereces vivir libre de recuerdos dolorosos. ¿Deseas perdonar
y dejar de actuar desde un lugar de vergüenza y humillación?

Con la ayuda de tu respiración, puedes combinar
tu atención con una intención llena de amor para abrir tu corazón
y tratarte con paciencia, ternura y empatía.

4
MARZO

Ofrece tu magia

Haznos un favor: muéstranos tu magia.
Es la única forma en la que otras personas pueden encontrarte.

5
MARZO

Tus sueños se están haciendo realidad

¿Conoces tus mecanismos de autosabotaje? ¿Te has dado cuenta de que a medida que te acercas a tus sueños empiezas a sentir que no los mereces? Si crees esos pensamientos y sentimientos, se vuelven reales.

Practica observar tus pensamientos, sentimientos y sueños. Cuando tu intención se contamine y comiences a perder contacto con tu misión, vuelve a tu respiración y repite:
"Merezco vivir mis sueños".

6
MARZO

El regalo de lo desconocido

Permite el misterio en tu vida, admira el misterio, vive el misterio.
¿Qué tan aburrida sería la vida si supieras lo que depara el futuro?
Es un regalo que cada momento esté lleno de potencial y sorpresas.

7
MARZO

Muéstrate como eres

Hoy, muéstrate sin ocultar nada. Muéstrate vulnerable y triste,
con todo tu sufrimiento y dolor, vergüenza y culpa, pérdida y miedo,
ira y negación, codicia y crueldad, errores e indiferencias.
Hoy, reconoce todas las viejas heridas y trata de crear la distancia
suficiente para aprender de ellas y perdonar a todas las personas
involucradas, incluyéndote. Encuentra refugio en tu corazón.

8
MARZO

Meditación del amor benevolente: el equilibrio

Lleva tu atención a las sensaciones que produce la respiración en tu cuerpo. Luego repite suavemente estas frases:

Puedo vivir en equilibrio.

Puedes vivir en equilibrio.

Podemos vivir en equilibrio.

Ahora observa cómo te sientes. Repite esta práctica siempre que sientas que te desequilibras.

9

Repara tu interior

Cuando te encuentres juzgando a alguien más, úsalo como
un recordatorio para ocuparte de algunas de las pequeñas piezas
rotas de tu interior. La persona a la que estás juzgando está
ofreciéndote un espejo. Respira profundamente y aprovecha
esta oportunidad para desearte lo mejor.

10

MARZO

Tu crítica interna

Mira a tu alrededor y observa a las personas que reaccionan
externamente a la autocrítica. Observa a las personas que
se susurran insultos, que sacuden la cabeza o fruncen el ceño.
Esta es una oportunidad para desearles el poder de recuperar
la atención plena. Procede de igual manera cuando notes
que estás reaccionando a tu propia crítica interna.

11

MARZO

Alinéate con lo que funciona y deja el resto

¿Cómo puedes ver claramente lo que te detiene? Comienza examinando
tus pasiones, patrones de pensamiento y estilo emocional.
¿Qué te hace sentir mágicamente bien? Esto debería llevarte
en la dirección de tus pasiones.
Cuando pierdes en la ficción de tus pensamientos, ¿qué tipo de historias
inventa tu mente? ¿Son pensamientos solidarios, negativos, temerosos,
inseguros? Estos son tus patrones de pensamiento.
Cuando sientes tristeza, enojo o emoción, ¿cómo respondes?
¿Te arreglas por tu cuenta, o te conectas con otras personas?
¿Luchas, te escondes o tal vez comes para controlar tus sentimientos?
Este es tu estilo emocional.
Tómate unos minutos para escribir lo que viene a tu mente acerca
de tus pasiones, patrones de pensamiento y estilo emocional.
¿Sientes que te ayudan? ¿Están alineados con tu corazón? ¿Cuáles
son perjudiciales? ¿Cuáles son saludables? ¿Cuáles debes mantener?
¿Cuáles debes reemplazar?
Respira hondo y repítete: "Puedo cultivar conductas saludables
que estén alineadas con mis pasiones y mis sueños. Libero los
comportamientos y los patrones de pensamiento que me alejan de ellos".

12
MARZO

Escaneo corporal: caderas

Dirige la atención a tu cuerpo. Observa cómo estás haciendo contacto
con tu asiento o con el suelo. Observa las sensaciones de tacto
y presión cuando tu cuerpo toca algo, observa la sensación
que te produce la ropa, el aire que roza tu piel.
Haz algunas respiraciones.

Observa cada respiración que entra y sale de tu cuerpo.

Ahora lleva la atención a tus caderas, una zona donde solemos
acumular las emociones y el trauma. Escanea esa área:
caderas laterales, huesos que se apoyan en tu asiento, la parte donde
tus caderas y muslos se juntan. Fíjate en las sensaciones que estás
experimentando: presión, tensión, hormigueo o cualquier otra
cosa que puedas notar. Canaliza la respiración hacia las caderas
y libera cualquier tensión que puedas tener allí. Si no experimentas
nada, eso también está bien.

13
MARZO

¿Sabes quién eres?

La confusión nos hace sentir que algo anda mal e invita
a la autocrítica a volverse ruidosa y odiosa. La próxima vez
que te sientas así, detente y, con ayuda de la respiración, pregúntate:
"¿Qué es lo que realmente quiero? ¿Qué es lo que hay que cambiar?".
Así, cultivaremos el valor que necesitamos para pasar
de la confusión a la claridad.

14
MARZO

Disfruta

No permitas que la crítica interior cuestione tu paz o felicidad.
A veces la vida es simple y las cosas se sienten livianas. ¡Disfrútalo!
Esto no significa que no estés haciendo lo suficiente o que algo
pueda estar mal. Relájate. Todo está bien.

15
MARZO

Vuelve

Cuando la crítica interior reacciona exageradamente a la vida,
significa que has dejado el momento presente y te has ido a un lugar
lejano. Con el apoyo de la respiración, recobra la conciencia
del momento presente y combina tu atención con la compasión.

16

Quién no soy

"No tengo miedo. No llevo una bolsa de culpa y rencores en mi corazón. No tengo maldad intencional y ni actúo con falsedad con la gente que está a mi alrededor. No estoy compitiendo con nadie. No estoy trabajando mucho para acumular cosas y presumir. No busco la aprobación de nadie. No permito que mis decepciones emocionales me consuman. No me refugio en el alcohol porque no puedo enfrentar mis malas acciones. No estoy intoxicando mi cuerpo. No soy mi pasado".

17

Meditación para recibir los sonidos

Colócate cómodamente en tu postura de meditación. Cierra suavemente
tus ojos o descansa la mirada en un punto frente a ti.

Respira profundamente y relaja el cuerpo.
Conéctate con el momento presente.

Cuando lo sientas, abre tu campo de conciencia a los sonidos
que hay en este momento en tu entorno. Escucha los sonidos
del ambiente. Elige uno y observa su calidad, sin juzgarlo
ni criticarlo, y percibe cómo desaparece. Elige otro sonido
y repite la experiencia tantas veces como desees.

18

MARZO

Ahora, tu cuerpo está aquí

Si quieres conectarte con el momento presente, recupera la atención
conectándote con tu respiración.entre cada respiración.

19

MARZO

Respira y encuentra la calma

¿Alguna vez te ha pasado esto? Estás caminando en dirección
a tu casa por la noche, y ves a alguien lejos en la oscuridad cruzando la
calle hacia ti. Te preguntas si la persona es peligrosa o si tiene
la intención de hacerte daño. Imaginas lo peor. Todo tu cuerpo
se pone tenso.

Y luego, a medida que te acercas, ves que la persona es un anciano
que lentamente también se dirige a su casa. Habías creado toda
una historia en tu mente, y esa persona no tenía nada que ver
con lo que imaginaste.

Con el apoyo de tu respiración, en lugar de imaginar una historia,
puedes reemplazar el miedo por calma. Así, te enfrentarás a la realidad
de cualquier situación con la conciencia del momento presente.
Cada vez que tu mente empieza a vagar en la ficción,
respira y vuelve al Ahora.

20
MARZO

Acepta la invitación

La sanación radical tiene lugar cuando puedes aceptar que el miedo que experimentas es una invitación a conectarte con la valentía.

21
MARZO

Comprueba la realidad

Debajo de la ansiedad está el miedo. Con la ayuda de tu respiración, tómate un momento para preguntarte: "¿Este miedo está basado en la realidad o es creado por mi imaginación?". Esta simple pregunta puede romper el ciclo de ansiedad y fortalecer tu determinación de ser libre.

22
MARZO

Mantra del valor propio

Valgo el esfuerzo, por lo tanto,

Permito que me perdonen,

Me permito perdonar,

Permito que me sanen,

Me permito sanar a otras personas,

Permito que me amen,

Me permito amar.

Y así será.

Y así será.

¡Y así será!

23
MARZO

Tu reloj despertador ha sonado

"Que todo tu ser despierte a lo que ya está sembrado en ti".

24
MARZO

Descubre tu tesoro

"Estoy aquí para abrir todo lo que está encerrado dentro de mí".

25
MARZO

Conócete

Concéntrate en tu respiración durante dos minutos.

Ahora visualízate justo antes de tu nacimiento, antes de esta experiencia humana, antes de la esperanza, antes del miedo, antes de toda autoidentificación.

Inspirando, pregúntate: *¿Quién soy yo?*

Exhalando: Permite que las respuestas lleguen a ti. Observa si tu mente se aferra a las etiquetas para identificarse.

Inspirando, pregúntate de nuevo: *¿Quién soy yo?*

Exhalando: Permite que las respuestas lleguen a ti.

Mientras sigues respirando, sigue preguntándote: "¿Quién soy yo?". Permite que las identificaciones y etiquetas se desvanezcan gradualmente.

26
MARZO

Serenidad, ¿estás ahí?

Practica el camino del equilibrio, un estado de balance
que te permita dar lo mejor de ti. Un estado en el que
no te encuentres ni en el extremo más alto ni en el más bajo,
ni que seas una persona perfecta, ni una fracasada,
solo tu mejor versión. Suficiente. Cuando sientas que te desvías
hacia un extremo u otro, regresa al centro, con el apoyo
de la respiración, y recupera el equilibrio.

27
MARZO

Afirmación de la bondad

"Hoy elijo ser más amable conmigo
y con quienes me rodean".

28
MARZO

Eres el centro de atención

Practica alejar el centro de atención de tu conciencia
del mundo exterior y dirígela hacia tu mundo interno. Observa
lo que está presente. ¿Puedes determinar la calidad de tus
pensamientos? Tal vez haya algún pensamiento estancado
que se repite una y otra vez. Mientras más observes este tipo
de pensamientos, más notarás que pierden su poder y pasarán
sin molestarte. Cada vez que recuerdes observar tu interior,
hazlo con una intención amable y de aceptación.

29
MARZO

Afirmación de la certeza

"Hoy tengo la certeza de saber quién soy
y qué estoy haciendo".

30
MARZO

Querido corazón

Pregunta suavemente: "Querido corazón, ¿quién soy yo?".
Permite que la respuesta venga a ti.

31
MARZO

Integra tus partes con la respiración

Inhalando, di: Acepto las piezas rotas en mí.

Exhalando, di: Acepto que esas partes han guiado
mi curación y crecimiento.

Inhalando, di: Estoy aprendiendo a mantener todas
mis partes unidas en mi corazón.

Exhalando, di: Acepto mi trauma como parte
del trauma del mundo.

Abril

Coraje

1

Sigue tu más profunda sabiduría

Cuando alguien te da un consejo, normalmente piensas antes
de elegir si seguirlo o no, ¿verdad? En general, dices que sí cuando
sientes que ese consejo resuena en tu camino, y dices
que no cuando sabes que no será lo mejor para ti.

Practica aplicar el mismo principio a tus pensamientos y emociones:
puedes elegir seguir su consejo o no. ¡Depende de ti!

2

ABRIL

Pulsa el botón "Me gusta"

En ocasiones tienes que leer los comentarios para recordar tu grandeza.
Otras veces no tienes que preocuparte por lo que dicen los comentarios
y, simplemente, recuerda toda tu grandeza.

3

ABRIL

Invita a tus recuerdos dolorosos

Los recuerdos dolorosos pueden aparecer cuando menos
te lo esperas. Si esto sucede, puedes elegir mirar esos recuerdos
o ignorarlos. Pero invitar a los recuerdos dolorosos requiere valor.
Cuando lo haces suficientes veces, eventualmente ya no
les tendrás miedo. Al invitarlos a entrar en tu vida,
les quitas su poder y reclamas el tuyo.

4

ABRIL

Considera tu pasado como un sueño

Tu pasado no define quién eres. Hoy, reconcíliate con todas
tus equivocaciones pasadas y cultiva la fuerza para perdonarte.
Comenzarás a ver todo más claramente.

5

ABRIL

Meditación del amor benevolente: la valentía

Lleva tu atención a la sensación de la respiración en tu cuerpo. Luego repite suavemente estas frases:

Soy valiente.

Tú eres valiente.

Somos valientes.

Ahora observa cómo te sientes. Repite esta práctica a lo largo del día, siempre que sientas que necesitas un poco de valentía.

6

ABRIL

¿Qué es lo que te gustaría crear?

A veces nos sentimos dentro de un ciclo de pensamiento como este:
"Si no tuviera que hacer X, entonces estaría haciendo Y".
¿Qué serías capaz de crear si decidieras dejar ir la X y la inagotable
lista de excusas que te impiden avanzar?

¿Escribirías una canción, un poema o una historia? ¿Compondrías
una pintura, tocarías un instrumento, harías un proyecto de arte?
¿Tomarías una clase, construirías algo o probarías una nueva receta?
¿Qué crearías?

Hoy, tómate cinco minutos para crear algo que normalmente no haces
porque crees que no tienes tiempo, que te falta experiencia,
que eres demasiado grande, demasiado . . . .
(llena el espacio en blanco). Ve si puedes crear un nuevo hábito diario
o semanal para disfrutar de algunas actividades creativas.

7

Una carta para tu futuro yo

Felicita a tu yo anterior por ser lo suficientemente valiente como
para comenzar de nuevo, por animarse a cultivar la paciencia
para sanar y por llevarte al lugar en el que estás ahora.
Y a tu futuro yo, dile:

Estoy comprometido.

Confío en mí.

Tengo esto.

¡Te tengo a ti!

8

ABRIL

El poder de tu presencia

Eres responsable de la calidad de tu presencia y recuerda
que tu propia compañía puede ser sanadora.

9

ABRIL

Afirmación del coraje

Tengo el coraje para pedir lo que quiero.

Tengo el coraje para hacer realidad mis sueños.

Tengo el coraje para ser audaz.

Tengo el coraje para entrar de lleno en mi transformación.

Tengo el coraje para dejar de lado a las personas, los hábitos y las cosas de mi vida que no apoyan mi sanación.

Tengo el coraje para amarme tan profundamente que inspiro a otras personas a amarse a sí mismas también.

Tengo el coraje para ser mi mejor versión.

Tengo el coraje para soltar el pasado.

Tengo el coraje para ser libre.

10

ABRIL

Afirmación de desapego

"Hoy participaré plenamente en mi vida
y no estaré pendiente de los resultados".

11

ABRIL

Abraza un árbol

De pie, con los pies separados al ancho de la cadera, coloca
los brazos frente a tu pecho en forma redonda, como si estuvieras
abrazando un árbol grande.

Siente tus pies enraizados en el suelo. Respira llevando el aire
a tu abdomen y concentra tu atención en esa área del cuerpo.

12
ABRIL

¡Ey! ¡Tú!

La próxima vez que tengas pensamientos temerosos,
tómate un momento para saludarlos: "Hola, pensamientos temerosos".
Este proceso te ayudará a recordar que los pensamientos
son eventos mentales y nada más.

Recuerda que tú no eres tus pensamientos y que no debes
permitir que tus miedos dirijan tu vida. Enfocarte en tu imagen
interna te permitirá hacer un cambio.

13
ABRIL

¿Qué dice tu inventario?

Hoy, realiza un inventario personal. ¿Qué hábitos tienes que cultivan la compasión, la maravilla y la belleza? Y ¿qué hábitos tienes que aumentan la ansiedad, el miedo y la autocrítica?

Una vez que hayas escrito o pensado en al menos tres hábitos para cada pregunta, piensa qué hábitos te están funcionando y te guían por un camino de libertad, y cuáles no te dejan avanzar.

14
ABRIL

Deja de regañarte

¡No hay motivo para que te castigues! Deja de hostigarte. Si te das cuenta que estas autocriticándote, respira profundamente y lleva el aire a tu abdomen, luego di: "Me acepto tal como soy".

La mente del principiante: come con atención

Hoy, cuando te sientes a comer, imagina que acabas de llegar de otro planeta y nunca antes has visto lo que estás a punto de comer. Con un sentido de asombro y una curiosidad sin prejuicios, explora tu alimento, examínalo, huélelo. Una vez que hayas pasado un tiempo examinando la comida, toma el primer bocado. Mientras lo haces, nota la comida entrando en tu boca. Siente las sensaciones alrededor de tus dientes, lengua, paladar. Siente los diferentes gustos, temperaturas y texturas. Tómate tu tiempo con cada bocado, mastica completamente y traga con atención. ¿Puedes sentir la comida pasando por tu garganta hasta llegar a tu estómago? Después de tragar, haz una pausa y algunas respiraciones notando cómo te sientes. Conéctate con la comida. Permítete simplemente comer. No trabajes, no leas , no mires un dispositivo electrónico, no hables, no te preocupes, ni pienses en tu próxima tarea. Simplemente estás comiendo. Que comer sea una meditación.

16
ABRIL

Sin juzgar

A lo largo del día, haz todo lo posible para no juzgarte ni juzgar a otras personas, ¡ni siquiera una vez!

17
ABRIL

La mejor compañía

Encuentra personas que te guíen y una comunidad que apoye tu sanación y crecimiento. Rodéate de personas que te inspiren. Fortalece la relación con quienes te apoyen y quieras que te acompañen en el camino hacia la vida que deseas. A medida que avanzas, confía en que las personas que necesitas te encontrarán.

18
ABRIL

Confía en ti

Por unos momentos, lleva tu atención a la sensación
de la respiración en tu cuerpo.

En tu mente, visualiza una experiencia en la que estabas totalmente
presente y sentiste comodidad, confianza y poder.

Trata de recordar los detalles utilizando todos tus sentidos: qué olías,
qué saboreabas, qué viste o escuchaste, qué tocaste y cómo te sentías.

Cuando tengas un recuerdo claro de la experiencia y lo bien
que te sentiste, piensa en una situación actual en la que desees tener
más confianza. Permite que esa confianza que sentiste se transmita
e impregne tu visualización de la experiencia actual. Inténtalo
por unos instantes.

Luego haz algunas respiraciones y observa cómo te sientes.

19
ABRIL

Yo me apruebo

No necesitas la aprobación de otras personas. Solo necesitas tu propia aprobación. Los motivos que tienes para hacer algo son una razón suficientemente buena. Confía en tus elecciones.

20
ABRIL

Afirmación de los milagros

"Creo en los milagros".

21
ABRIL

Afirmación para una alimentación saludable

"Hoy cambio mi relación con la comida. Elijo los alimentos que sanan y energizan mi cuerpo".

22
ABRIL

Tu misión personal

Sé responsable de tu vida. Ten en cuenta que has elegido todo, por difícil que sea aceptarlo. Continúa aprendiendo de las lecciones y alegrándote de todas las bendiciones.

23

ABRIL

Mantra para despertar la energía vital

Inhalando, di: *yo soy*

Exhalando, di: *sanación.*

Inhalando: *yo soy*

Exhalando: *vida.*

Inhalando: *yo soy*

Exhalando: *pasión.*

Inhalando: *yo estoy*

Exhalando: *muy bien.*

24
ABRIL

Meditación de escaneo corporal: cuello

Siéntate cómodamente y deja que unas cuantas respiraciones profundas limpien tu cuerpo.

Con atención plena, comienza un escaneo en la parte posterior de tu cuello. Observa si sientes dolor, hormigueo o rigidez. Tendemos a acumular mucha tensión en el cuello. Permítete registrar todo lo que te sucede en esa zona. Siente de cerca las sensaciones dentro de tu cuello, la parte inferior del cráneo, los lados del cuello, su parte delantera, la garganta. Toma conciencia de la vida que hay allí.

25
ABRIL

Limpia tu resentimiento

Tómate un momento para observar la cantidad de rencor a la que
te aferras. Con el apoyo de tu respiración y una intención
de aceptación, repasa tus interacciones con otras personas y observa
si todavía tienes resentimiento hacia alguien. De la misma manera
que limpias tu cuerpo diariamente, es necesario limpiar tu mente
de esta niebla que opaca tu ser. De lo contrario, este equipaje
emocional no procesado puede aparecer más pesado cuando
menos te lo esperes.

26
ABRIL

Recordatorio

La aceptación personal es cuidado personal.

27
ABRIL

Las caras de la ira

La ira suele ser el miedo atrapado expresándose. Es mucho
más fácil enojarse que mostrar vulnerabilidad. ¿Por qué te enfadas?
Otra forma de preguntar esto es: ¿De qué tienes miedo? ¿Es posible
perdonarte por sentir enojo, miedo y vulnerabilidad? Tómate
un momento para pensar en todas las cosas que te enojan.
Ahora, con compasión, perdónate por cada una de ellas.

28
ABRIL

¿Puedes perdonar?

Tómate un momento para reflexionar sobre cómo manejaste los errores a medida que crecías. ¿Las personas que te rodeaban te exigían demasiado? ¿Te hacían sentir vergüenza? ¿Tus errores fueron juzgados, castigados o perdonados?

Ahora observa cómo manejas los errores hoy. ¿Hay alguna semejanza? ¿Te exiges demasiado? ¿Te avergüenzas? ¿Te juzgas o te castigas por tus errores, o eres capaz de perdonarte?

29
ABRIL

Sé valiente

Sé lo suficientemente valiente como para no dejarte definir por una elección, una situación o un resultado. Está bien contradecirse a veces. Eso es porque ninguna persona es perfecta, y porque tenemos multitud de opciones.

30
ABRIL

Tus expectativas

Observa tus expectativas. ¿Cuánto esperas de las otras personas?
¿Cuánta de la decepción que sientes es el resultado de
las expectativas que has puesto en otras personas, expectativas
que ni siquiera conocían?

Puede que tengas una lista de cosas que esperas que otras
personas sepan, cosas que tú crees que son de sentido común.
Pero somos diferentes. Lo que es de sentido común para una persona
puede ser extraño para otra. Observa tus expectativas.
¿Cuáles son apropiadas y cuáles no?

Expresa tus necesidades basadas en la verdad y libera aquellas
que no lo están ya que son proyecciones pasadas o futuras de la mente,
no la realidad del momento presente. El ahora no tiene expectativas.

Segunda Parte

Vale la pena

MAYO

PAZ

1
MAYO

Más allá de los pensamientos

Cuando te conectas con el momento presente, entras a un mundo
más allá de los pensamientos en el que surgen la belleza,
la creatividad, la alegría y la paz interior.

2
MAYO

Vuelve a tu centro

Cultiva el hábito del equilibrio. Observa cuando te alejas de tu centro
por la rabia extrema o la emoción. Con el apoyo de la respiración,
vuelve a tu punto de equilibro y balance.

3
MAYO

Imagina la abundancia

Pregúntate: "¿Qué significa la abundancia para mí?".
Permite que la respuesta llegue a ti.

Repite tres veces: "Merezco tener abundancia".

Ahora imagina que estás caminando por un bosque.
Puedes sentir la brisa fresca en tu cara y la hierba húmeda
debajo de tus pies descalzos. A medida que continúas caminando,
observas que los árboles están más cerca uno del otro
y las hojas están rozando tus brazos.

Entonces te das cuenta de que has entrado en un claro
en el bosque. Tómate un momento para recorrer este lugar.
Lentamente te detienes y te das cuenta de que te rodea toda
la abundancia que has imaginado para ti. Esa abundancia
puede incluir amistades, dinero, una pareja. Lo que sea que incluya,
está a tu alrededor. Allí, con todo eso,
conéctate con tu ser interior.

Ahora repite tres veces: "Porque puedo imaginar esta abundancia,
es posible que sea mi realidad y me la merezco".

4

MAYO

¿Qué te llena de vida?

En momentos de paz, alegría, fluidez, en esos momentos
que te llenan de vida, recuerdas quién eres realmente.

5

MAYO

Ámate

El amor propio es no perderte al imaginar
lo que otras personas piensan de ti.

6

Meditación del amor benevolente: el perdón

Comienza por llevar tu atención a la sensación que brinda
la respiración en tu cuerpo. Luego repite suavemente estas frases:

Que pueda aprender a perdonarme.

Que puedas aprender a perdonarte.

Que todas las personas aprendamos a perdonarnos.

Ahora observa cómo te sientes. Repite esta meditación
a lo largo de tu día, especialmente si estás juzgándote
o juzgando a otra persona.

7

MAYO

Los pensamientos son solo pensamientos

A lo largo del día, recuerda tomar distancia de los pensamientos
que pasan por tu mente.

8
MAYO

La verdadera compañía

Cuando la mente, el corazón y el cuerpo están alineados,
estás en buena compañía.

9
MAYO

De nuevo en casa

Querido ser interior:

Quiero que sepas que aquí siempre tendrás las puertas abiertas.
Aquí perteneces. Aquí tienes suficiente.
¡Me alegra que estés de nuevo en casa!

Sinceramente,

Tu corazón

10
MAYO

Discernimiento

El amor propio es saber que algunas cosas, aunque puedan
sentirse bien, no son necesariamente buenas para ti.

11
MAYO

Responde con tu sabiduría interna

¿Has notado que, a veces, cuando permites que tus pensamientos
reaccionen a la vida, puedes perder la oportunidad de conectarte
más profundamente? Esto se debe a que tus pensamientos son algo
negativos. Y cuando permites que tus emociones reaccionen a la vida,
puedes entrar en una espiral descendente, porque tus sentimientos
pueden estar cargados de esa negatividad.

En lugar de responder con pensamientos o emociones,
respira hondo y encuentra tu corazón, tu sabiduría interna,
y responde a la vida desde allí.

12

MAYO

La verdadera felicidad

La felicidad es la capacidad de mantener la integridad a medida
que vives esta experiencia humana, a pesar de todos tus altibajos
emocionales. Es elegir ser una persona proactiva en lugar
de una reactiva y practicar siempre la compasión y la bondad.

13

MAYO

Ahora eres tú

Solo puedes saber quién eres cuando
estás en el momento presente.

14

MAYO

Meditación de escaneo corporal: cabeza

Esta es una práctica para enfocar tu atención en las experiencias sensoriales de tu cabeza. Alejará tu atención de la mente pensante y la dirigirá a las sensaciones de esta zona del cuerpo.
Encuentra un lugar para sentarte. Relájate y realiza unas cuantas respiraciones profundas para conectarte con el momento presente.
Empieza a sentir tu cuerpo desde adentro hacia afuera. Tómate unos minutos para escanear tu cuerpo. Nota a qué parte del cuerpo estás llevando tu respiración ahora mismo.
Lleva tu atención a la parte superior de tu cabeza. Escanea lentamente el cuero cabelludo y la frente, y libera cualquier tensión que puedas estar sintiendo.
Relaja los músculos alrededor de los ojos.
Observa los párpados descansando sobre los globos oculares.
Trae tu atención a tus pómulos y mandíbula.
Solo observa las sensaciones en esas áreas.
Ahora dirige tu conciencia a la parte posterior de la cabeza, nuca y coronilla.
Lleva tu atención al interior del cráneo.
Simplemente observa qué sientes.

15
MAYO

Afirmación de valor

"Estoy presente y soy suficiente".

16
MAYO

Creas accidentalmente la vida que no quieres

Observa cuánto tiempo pasas visualizando los peores escenarios
en tu mente, una variedad de situaciones que realmente no quieres
que ocurran. Piensa cuándo te has dejado llevar por estos
pensamientos. Tómate un momento para reconocer
que la gran mayoría de estos escenarios nunca suceden.

17
MAYO

Meditación de paciencia infinita

Inhalando, di: *Tengo paciencia.*

Exhalando, di: *Estoy aprendiendo a confiar en el proceso.*

Inhalando: *No me preocupo.*

Exhalando: *Espero pacientemente.*

Inhalando: *Espero felizmente.*

Exhalando: *Espero con alegría.*

Inhalando: *Espero con gracia.*

Exhalando: *Aprecio este momento en su totalidad.*

Inhalando: *Exploro este momento con aceptación.*

Exhalando: *No me apresuro por el mañana.*

18

Invita a la claridad

Visualízate experimentando claridad en todo lo que hagas hoy.

19

MAYO

Libérate de las construcciones mentales

Observa todo lo que te rodea: tu cuaderno, tu cafetera,
tu computadora, tu espejo, tu despertador, incluso tus pensamientos
y sentimientos. Presta atención al significado que les has dado.
El apego a las cosas materiales no te permite avanzar porque,
en realidad, nada fuera de tu corazón es indispensable;
todo es una construcción mental.

Hoy, practica ver los objetos de tu entorno como los objetos
que son, nada más. Practica ver tus pensamientos y sentimientos
como pensamientos y sentimientos, nada más.

20
MAYO

Cómo usar los recuerdos
para estar más presente

Todos tenemos recuerdos felices y dolorosos. A menos
que entrenes tu mente para tener una nueva relación con ellos,
oscilarás entre aquellos recuerdos dolorosos y la necesidad
desesperada de recrear los felices.

La próxima vez que te encuentres con un recuerdo, respira,
enfócate en el momento presente e ignóralo creativamente
repitiendo una frase que te dé poder. Con el tiempo, lo harás mejor
y recordarás que no puedes estar en el pasado y en el presente
al mismo tiempo.

21
MAYO

Sobrevive

El amor propio es supervivencia.

El perdón es supervivencia.

La curación es supervivencia.

Empezar de nuevo es supervivencia.

La transformación es supervivencia.

Soñar a lo grande es supervivencia.

El amor incondicional es supervivencia.

22
MAYO

Vivamos en paz

Cuanta más gente viva en el momento presente,
menos conflictos habrá.

23
MAYO

Revisa las historias dolorosas

El nacimiento, el envejecimiento, la enfermedad y la muerte suelen
considerarse partes dolorosas de la experiencia humana. Si eliges
observar estos momentos de la manera más objetiva posible
y no te dejas llevar por pensamientos negativos, estás contribuyendo
a un futuro diferente.

24
MAYO

Escucha tu autocrítica

Toma lápiz y papel. Escucha a tu autocrítica. ¿Qué dice? Bríndate
unos minutos y anota el diálogo interno negativo que escuchas.
Luego, léelo en voz alta. Observa lo absurdo y cruel que es.
Nunca le hablarías así a alguien que quieres. Hoy, cambia el guion
y háblate como lo harías con un ser querido.

25
MAYO

Lo que es tuyo

Practica distinguir la calidad de tus sentimientos y pensamientos
cuando estés cerca de otras personas. Si observas que en algún
momento tu imagen interior se vuelve negativa, respira
conscientemente y separa lo que es tuyo de lo que podrían
ser las proyecciones de quienes te rodean.

26
MAYO

En sintonía con tu corazón

Cuando te permites ver la belleza en otras personas, además
de los defectos, estás desactivando la parte de tu mente que solo
ve negativamente. Cada vez que llevas a cabo este proceso,
estás poniéndote en sintonía con el lenguaje del corazón.

27
MAYO

Déjate sorprender

¿Le darías un giro completamente nuevo a lo que suceda hoy?
Durante el día de hoy, practica armonizar tu mente
con las maravillas de tu corazón.

28
MAYO

Da las gracias

Cuando te sientes a comer hoy, tómate un momento para cerrar los ojos y establecer una intención positiva: "Gracias a todas las personas, que desde su lugar, crearon las condiciones para que yo tenga esta comida. Que esta comida me nutra y me cure. Que esta comida me llene de energía para continuar cumpliendo mi misión. Deseo que todos los seres del mundo tengan el alimento que necesitan".

29
MAYO

Chequeo matutino

Cuando despiertes, observa si ya te estás haciendo pasar un mal rato. Observa qué sentimientos están presentes y el tono de tu voz interior. Si notas que la calidad de tu imagen interna es negativa, aprovecha la oportunidad para dirigir tu atención a otra persona y piensa cómo puedes ayudarla a sentirse mejor hoy.

30
MAYO

Visualiza la calma interior

Tómate un momento para visualizar cómo sería tu vida si pudieras liberarte del caos interno. ¿Cómo te sentirías? ¿Dónde estarías? ¿Qué estarías haciendo? ¿Quién estaría a tu lado?

31
MAYO

Mantra sanador

Pon tu atención en la frase "Deseo sanar". Repite en tu mente esta meditación durante unos instantes. Si tu mente se distrae, regresa al mantra con amabilidad y gentileza. Cada vez que repites el mantra con presencia y entrega, rompes tus ciclos sutiles de impotencia, dejas de ser víctima de tus experiencias y superas el miedo a cambiar.

Junio

Cambio

1

JUNIO

El jardín de los opuestos

Al otro lado de la impaciencia está la paciencia. Al otro lado
del abandono está la crianza. Al otro lado del apuro está la calma.
Al otro lado del control está la aceptación. Tienes la capacidad
de elegir qué cualidades cultivar a lo largo de tu día. Cada opción
siembra una semilla para la siguiente opción.

2

JUNIO

Los apegos llevan al sufrimiento

Cada día puedes tomar una decisión: cultivar una relación con
tus apegos o ser más feliz. Cada vez que tomas la decisión
de profundizar tu relación con la felicidad, aprendes a convivir
con tus apegos de una manera más simple.

3
JUNIO

Visualización del cambio

Un día te despiertas y te das cuenta de que tus creencias
han cambiado. La forma en la que te ves y ves al mundo ha cambiado.
Crees en algo nuevo, más integrador, más liberador, más cercano
a tu corazón. En ese momento puedes reírte a carcajadas y pensar:
"Vaya, ¿cuánto tiempo he estado apegado a las viejas costumbres?
¿Por qué no me di cuenta antes?". Ten gratitud por todo
y por quienes te ayudaron a reflexionar.

4

JUNIO

Meditación de escaneo corporal: garganta

Cierra los labios como si fueras a silbar e inspira profundamente.
Luego exhala por la nariz. Ahora lleva toda la atención a tu garganta,
el centro de la comunicación en el cuerpo. Durante los siguientes
minutos, siente el aire pasando por la parte posterior de tu garganta.

Esta práctica te ayuda a ser más consciente de cómo hablas
y fortalece tu capacidad de hacerlo clara y compasivamente.

5

JUNIO

Tu relación con los sentimientos y pensamientos

Cuando comienzas a observar la relación con tus sentimientos,
puedes cambiar lo que piensas, y si puedes cambiar tus pensamientos,
puedes cambiar cómo te sientes.

6
JUNIO

Presta atención a las señales

Tus estallidos son mensajeros que señalan las partes
de ti que aún necesitas sanar. Con el apoyo de tu respiración,
busca en tu interior cómo sanar esas partes.

7
JUNIO

Todo puede mejorar

Cuando las cosas están mal, respira profundamente y observa
la tendencia que tiene tu mente a creer que las cosas son mucho peores
de lo que realmente son. Cada vez que te enfocas en la respiración,
alteras esa tendencia a pensar lo peor. Con esta práctica,
estás entrenando tu mente para responder sanamente a la situación
en cuestión, en lugar de simplemente reaccionar.

8

JUNIO

Nota los hábitos de tu mente

¿Siempre asumes lo peor? ¿Te estresas fácilmente? ¿Crees que nunca hay suficiente tiempo en el día? ¿Sientes que tus relaciones se están agotando? ¿Te despiertas por la noche porque tu mente piensa demasiado? ¿Puedes permanecer en la quietud? ¿Sientes cansancio? ¿Te enfermas a menudo? ¿Dijiste que sí a la mitad de estas preguntas? Si es así, probablemente te hayas dado cuenta de que esta no es forma de vivir. Es hora de dejar de hacer las cosas que no quieres que se conviertan en tu realidad.

9

JUNIO

Solo una parte de mi está enojada

Cuando la ira ataca, es importante reconocer que solo una parte
de ti se siente así. Comienza diciendo: "Una parte de mí está enojada".
Esta frase te ayuda a saber que otras partes de ti no están
sintiendo enojo.

10

JUNIO

Una vida plena

Si quieres sentir plenitud, debes aprender a trabajar con tus recuerdos
dolorosos y pensamientos negativos, de lo contrario ellos te atraparán.
Cuando surja uno de estos recuerdos o pensamientos, recuerda
de inmediato un pensamiento que te dé poder. Así evitarás entrar
en una espiral de pensamientos negativos.

11

JUNIO

Cambia tu punto de vista

Fíjate si puedes cambiar tu perspectiva de un recuerdo doloroso, aunque sea por un segundo. ¿Tu interpretación de lo que sucedió tal vez sea el resultado de tus sentimientos heridos?

Tu mala interpretación podría estar causando que agregues capas de culpa a esos recuerdos. Reconocer que tu interpretación es solo eso, una interpretación personal y subjetiva, no le quita importancia a lo que sucedió, sino que te ayuda a ver todas esas capas que le has agregado a ese hecho a lo largo de los años.

12

JUNIO

Deja de compararte

Cuando te des cuenta de que estás flotando en una espiral descendente de comparación, utilízala como un portal para ayudarte a tener más compasión contigo y con todos los seres.

13

Es hora de una zambullida

Ayer es una proyección de los recuerdos mentales de eventos pasados.
Mañana es también una proyección de las fantasías de la mente
de eventos que aún no han ocurrido. Ayer y mañana nos ofrecen
la oportunidad de vivir en la ansiedad, el miedo y la inseguridad.

El momento presente ofrece lo contrario: realidad y aceptación.
La realidad es ahora. Cuando mantienes tu atención en el momento
presente, una paz profunda aleja la duda y el miedo.

Hoy, presta atención al momento en que tu mente comienza
a volver a visitar el ayer o a imaginar el mañana. Cuando lo haga,
vuelve y zambúllete en las tranquilas aguas del Ahora.

Si te sientes habitando por pensamientos de ayer o de mañana,
como, por ejemplo, cómo le hablaste mal a alguien o un evento
que temes, simplemente y con gentileza regresa al momento presente.

Cada vez que lo haces, estás entrenando tu mente para
tener menos desvíos hacia proyecciones pasadas y futuras
y para encontrar paz en el presente.

14
JUNIO

Practica el amor

Estudiar el amor no sana. Compartir el amor es lo que sana.

15
JUNIO

Siente los resultados

Sabes que tu práctica de meditación está
funcionando cuando puedes serenar tus enojos.
Puede que sientas algo de ira, pero eliges
no actuar de manera compulsiva.

16
JUNIO

Tú eres la medicina

Encuentra una manera de estar disponible para sanarte.
Tú eres el mantra, la meditación y el remedio.

17
JUNIO

Los momentos cambian todo

Cada momento es una oportunidad para liberarte de la imagen
que creaste sobre ti y sobre las demás personas.

18
JUNIO

Tus maestros

Trae a tu mente la imagen de una persona que te haya inspirado, que te haya ayudado desde lejos o desde cerca, de la que hayas aprendido algo. Repite su nombre para sentir su presencia, fortaleza, integridad y confianza. Ahora visualiza estas cualidades que fueron transmitidas como una ofrenda. Repite en tu mente: "Quiero tener estas cualidades dentro de mí".

19
JUNIO

Meditación del amor benevolente: la verdad

Lleva tu atención a las sensaciones que produce la respiración en tu cuerpo. Luego repite suavemente estas frases:

Puedo decir la verdad.

Puedes decir la verdad.

Podemos decir la verdad.

Ahora observa cómo te sientes. Repite esta meditación a lo largo de tu día, especialmente cuando sientas que debes ser plenamente sincero contigo y con los demás.

20

JUNIO

Afirmación para recuerdos dolorosos

"Hoy me permito purificarme de recuerdos dolorosos. Hoy distingo que esa voz de sufrimiento me aleja de mi potencial para vivir, reír y amar".

21
JUNIO

Viendo la misma película

A menos que detengas el efecto dominó de tus emociones,
tu vida se repetirá.

22
JUNIO

Quien eres es suficiente

A veces pasas mucho tiempo tratando de adivinar lo que otras
personas piensan de ti, y la mayoría de nuestras suposiciones
son erróneas. Es hora de confiar en que está bien ser quien eres,
y debes entender que no puedes controlar cómo te van a percibir
las demás personas. Confía en que tus intenciones son puras
y que estás haciendo tu mejor esfuerzo.

23
JUNIO

Mantra: Yo merezco

Yo merezco una vida libre de pensamientos ansiosos que ocupan espacio en mi mente.

Yo merezco la libertad de ser yo.

Yo merezco brillar.

Yo merezco ser una buena persona.

Yo merezco cambiar mis hábitos por los que son saludables.

Yo merezco sentirme con energía.

Yo merezco no repetir los mismos errores.

Yo merezco hacer el trabajo que amo.

Yo merezco la abundancia.

Yo merezco despertarme cada día con ganas de más.

¡Vale la pena el esfuerzo!

24
JUNIO

Revisa tu kit de herramientas

Revisa lo que está en tu caja de herramientas mental:
¿Tienes herramientas que te ayudan a enfrentar la vida con menos
miedo y ansiedad, y con más amor y perdón? Aprovecha
esta oportunidad para limpiar tu caja de herramientas y solo guardar
en ella las cosas que te sirven.

25
JUNIO

Lo invisible también se nutre

Tómate un tiempo para nutrir
las partes de ti que no
puedes ver.

26
JUNIO

Meditación de escaneo corporal: dormir

Esta meditación de exploración corporal te ayudará
a prepararte para dormir.
Acuéstate cómodamente en tu cama y lleva tu atención
a la respiración. Respira unas cuantas veces y concéntrate
en este momento presente. Suelta la mente pensante
y conéctate con tu cuerpo.
Empieza a sentir tu cuerpo apoyado sobre la cama. Observa cualquier
sensación de pesadez, hormigueo, presión, movimiento o calor.
Solo fíjate qué sientes sin tratar de cambiarlo.
Ahora analiza tu cuerpo. Comienza por llevar tu atención
a la parte superior de la cabeza. Luego llévala hacia tu nuca,
cara y mandíbula. Sigue con tu cuello, garganta, hombros.
Si te distraes, regresa tu atención al último lugar
del cuerpo que recuerdes. Hazlo con compasión y gentileza.
Continúa moviendo tu atención hacia el pecho y el abdomen.
Luego llévala a tu espalda, dorsales y lumbares. Podrías sentir
nuevas sensaciones, y eso está bien. Permite que las sensaciones
aparezcan y desaparezcan.

Continúa llevando tu atención a los brazos, manos y dedos.
Luego dirígela a tus caderas, y permite que se relaje a medida
que continúas respirando. Avanza ahora hacia tus piernas.
Tal vez haya comezón, hormigueo u otras sensaciones. Lo que sea
que haya, déjalo ser. Continúa respirando. Lleva tu atención hacia
las rodillas, pantorrillas, tobillos, pies y dedos de los pies.

Inhalando, di en tu mente: "Estoy descansando".
Exhalando di: "Me estoy relajando. Estoy permitiendo que
mi cuerpo descanse".

27
JUNIO

Tu diálogo interno

Observa tu diálogo interno. Es un ir y venir entre tú y tu ser interior.

28

JUNIO

Afirmación para superar las dificultades

"Aunque estoy experimentando dificultades, elijo conectarme con mi parte interior que no experimenta aflicciones. Así podré expresarme mejor".

29
JUNIO

Afirmación de alineación

"Hoy mis intenciones coinciden con mi discurso y mis acciones".

30
JUNIO

La verdad siempre está disponible

Cuanto más te conectas con cada momento, más se disipa
la carga emocional de los recuerdos dolorosos. Así, puedes
identificar las historias adicionales que tu mente inventó y cuánto
te alejaron de la verdad.

Julio

Crecimiento

1

JULIO

Fluye

¿Con qué frecuencia permites que todo fluya?
Cuando fluimos, creamos intervalos de comunicación simbiótica
con la vida, de integración total, en los que nos sumergimos
en el presente tan profundamente que nos fundimos
con lo que nos rodea. Estos momentos se sienten con más fuerza
cuando se experimentan que cuando se explican. Son momentos
de plenitud y paz interior. Que continúes creando las condiciones
para experimentar más de estas oportunidades y que disfrutes
de la magia que tienen para ofrecer.

2

JULIO

Afirmación para fluir

"Hoy me tomo un momento para memorizar
qué se siente cuando las cosas fluyen".

3

JULIO

Meditación del amor benevolente: humanidad

Lleva tu atención a la sensación que produce la respiración
en tu cuerpo. Entonces gentilmente repite estas frases:

Puedo abrazar mi humanidad.

Puedes abrazar tu humanidad.

Podemos abrazar nuestra humanidad.

Ahora observa cómo te sientes. Repite esta práctica de meditación
a lo largo de tu día para acordarte gentilmente de nuestra
humanidad común.

4

JULIO

Momentos de gracia

Observa la próxima vez que la crítica interna esté tranquila.
Te sientes presente y no estás deseando estar en otra parte.
Hay menos pensamientos y hay distensión en el interior,
casi como si todo estuviera sucediendo en cámara lenta.
Estos son tus momentos de gracia.

5

JULIO

Historias

Hoy, practica compartir una parte no contada de tu historia.
Hacerlo servirá como un recordatorio de nuestro condicionamiento
humano compartido, y así podrás liberarlo. Luego pídele a alguien
que comparta contigo una parte no contada de su historia.
Mientras escuchas, haz tu mejor esfuerzo para poner tu atención
plena en cada palabra.

6
JULIO

Meditación de escaneo corporal: manos

Busca una posición cómoda con las palmas hacia arriba. Lleva toda tu atención a tu mano izquierda. Siente la sensación de pulso en tu mano. Conéctate con todo lo que está sucediendo en ella. Si te das cuenta de que estás empezando a crear una historia sobre lo que sientes, simplemente vuelve a observa las sensaciones en tu mano izquierda.

Ahora dirige la atención a ambas manos, izquierda y derecha, y mantenla ahí. ¿Qué mano usas para recibir? ¿Qué mano usas para crear? Observa los poderes de cada una de tus manos.

7

JULIO

Pide y recibe

Toma un cuaderno y un lápiz. Respira profundamente tres veces para conectarte con tu cuerpo. Ahora lee las siguientes preguntas y anota tus respuestas en un diario. Responde con honestidad e imaginación:

¿Qué necesito para sentir que me apoyan?

¿Cómo puedo alcanzar mi evolución personal?

¿Qué cualidades quiero poseer?

¿Qué quiero devolver?

¿Qué impacto quiero tener en el mundo?

¿Qué puedo hacer hoy?

8

JULIO

Afirmación para el momento presente

"Hoy resisto amable
y gentilmente la tentación
de dejarme llevar por los
pensamientos, especialmente
por aquellos pensamientos
negativos, y elijo regresar mi
atención al momento presente".

9

JULIO

Ilumina el camino

Al compartir tu verdad, con honestidad y vulnerabilidad,
inspiras a cada persona con la que te encuentras a hablar desde
el corazón. Al hablar con amor y compasión, inspiras a otras personas
a que hagan lo mismo.

10

JULIO

Toma un riesgo

Pregúntate qué quieres hacer que no hayas hecho, porque
esa voz en tu cabeza te detiene. Hoy, toma un riesgo y asúmelo.
¡Vale la pena el esfuerzo!

11

¿Cuál es tu historia?

La vida te responde según las historias
que cuentas sobre quién eres.

12

JULIO

Afirmación de la nueva experiencia

"Hoy me recuerdo que
no tengo que experimentar
la vida de acuerdo
a lo que me dijeron".

13

JULIO

Cerca de una cascada

Imagina que te sientas junto a una cascada.
Siéntete respirando y exhalando. Siéntete en contacto
con la naturaleza y permite que los sonidos del agua
que fluye calmen tu mente y liberen la tensión de tu cuerpo.
Visualízate sintiéndote una persona totalmente renovada
y con energía.

14

JULIO

Sin errores

Tan a menudo como puedas,
recuerda que hay una razón para todo.

15
JULIO

Agradece

Da las gracias al dolor que te dio comprensión
y te transformó en quien eres ahora.

16
JULIO

Afirmación de aceptación

"Estoy aprendiendo cada día a estar bien con lo que soy".

17

Ecuanimidad

¿Cómo disfrutas de la experiencia de la emoción sin distraerte?
¿Cómo puedes darte cuenta de la ira sin volverte una persona
destructiva? ¿Cómo invitas a la calma sin volverte
una persona pasiva?

18

JULIO

Solo estamos de paso

Amígate con la idea de la muerte. Disfruta el Ahora
y agradece por todo, porque esto no durará para siempre.

JULIO

Mantra "Valgo el esfuerzo"

Inspirando, di: Valgo el esfuerzo.

Exhalando, di: Me permito sanar.

Inspirando: Valgo el esfuerzo.

Exhalando: Me permito perdonar.

Inspirando: Valgo el esfuerzo.

Exhalando: Me permito soltar.

Inspirando: Valgo el esfuerzo.

Exhalando: Me permito amar.

Inspirando: Valgo el esfuerzo.

Exhalando: Permito que me amen.

Inspirando: Valgo el esfuerzo.

Exhalando: Me permito brillar.

20
JULIO

Rompe el ciclo

Deja de reciclar tus traumas de la infancia.

21
JULIO

Afirmación para el cambio

"Hoy voy a pensar diferente.
Hoy me sentiré diferente.
Hoy me comportaré diferente".

22

JULIO

Personalidad que sana

Anota tres características positivas tuyas y tres de alguien
con quien interactúas regularmente.

23

JULIO

El espacio para tomar una decisión

Los sentimientos se manifiestan primero. Luego lo que surge
son pensamientos cargados con un anhelo de los buenos sentimientos
o un rechazo a los sentimientos negativos. Observa el espacio
que hay entre los sentimientos y los pensamientos y, a partir de ahí,
toma una decisión consciente.

24

JULIO

Expresión genuina

Practica mirar a los ojos a la persona
a la que le estás expresando gratitud.

25

JULIO

Afirmación de compasión

"Hoy, cuando surja
la empatía, responderé
con compasión".

26
JULIO

Lo que es tuyo

Fíjate cuando te identificas con los sentimientos y pensamientos de otras personas. Con el apoyo de tu respiración, deséate lo mejor y deséaselo a quienes te rodean. De esta manera, estarás dejando de lado lo que no te sirve y lo que no es tuyo.

27
JULIO

Privado versus público

Observa si tu hablar y tus acciones son amables cuando estás con otras personas. Luego comprueba si usas el mismo tipo de discurso y acciones en tu diálogo interno.

28
JULIO

El poder de la presencia pacífica

Llega un momento en que tu sola presencia hace
que todas las personas que te rodean sientan seguridad.

29
JULIO

Solución rápida

Deja que la respiración te guíe. Las soluciones están
a solo una respiración de distancia.

30
JULIO

Tu misión

Escucha el sonido de tu misión,
aunque al principio parezca doloroso.

31
JULIO

Recuerda tu flexibilidad

Siempre es posible volver a tu centro. Practica darte cuenta
de esto cada vez que se presenten las oportunidades para hacerlo.

Agosto

Sanación

1

AGOSTO

¿Qué es lo que alimenta tu mente?

Si nutres tu mente con gratitud, bondad y aceptación todos los días, podrás reconectarte con tu corazón. Pero si le das una comunicación negativa, tu mente te mantendrá lejos de la verdad de tu corazón.

2

AGOSTO

Afirmación de identidad

"Hoy dejo ir las identidades falsas que he asumido para mí y para las otras personas".

3
AGOSTO

Meditación de escaneo corporal: pies

La relajación es una experiencia de cuerpo entero. Acuéstate
con los brazos a los lados y las palmas hacia arriba.
Permite que tu cuerpo se sienta apoyado por la tierra que lo sostiene.

Lleva tu atención a tus pies. Ellos hacen mucho por ti llevándote
de un lugar a otro. Concéntrate en tu pie izquierdo. Siente el peso
de tu pie en el suelo. Lleva tu atención al arco interno, al borde externo
cuando toca el suelo, al talón, a tu dedo gordo y a todos los demás
dedos de tu pie. Luego observa tu pie derecho y percibe cualquier
diferencia. Siente el peso de tu pie en el suelo.

Ahora repite lo mismo con tu otro pie. Lleva tu atención
al arco interno, al borde externo cuando toca el suelo, al talón,
a tu dedo gordo y a todos los demás dedos de tu pie.
Toma esta oportunidad para agradecer a tus pies
la libertad que te proporcionan.

4

Recibe amor y buena voluntad

Por un momento, imagina a quienes te rodean deseándote
lo mejor y enviándote amor. Si puedes visualizar esto,
es posible que se convierta en tu realidad.

5

AGOSTO

Deja de esconderte

Si quieres que el amor te encuentre, deja de ocultar quién eres.
Practica encontrarte con humildad con otras personas y preséntate
con todo lo que tienes.

6

AGOSTO

Las emociones son energía en movimiento

Cuando estés experimentando una emoción negativa, observa
en qué parte de tu cuerpo se localiza. Con el apoyo de la respiración,
sostén ese espacio para esa sensación en tu cuerpo. Lleva suavemente
tu atención a ese sentimiento y deja que los pensamientos solo
se desvanezcan. Cuando les das espacio a las sensaciones en tu cuerpo,
estas siguen su curso y simplemente se disipan.

7

AGOSTO

¿Cuándo estoy actuando?

Hay ciertas personas en tu vida que solo pueden pasar el tiempo
contigo si tú estás con tu máscara, no con tu verdad, no con tu silencio.
Requieren que desempeñes constantemente un papel que se adapte
a su adicción al sufrimiento. Observa cuándo estás empezando
a desempeñar el papel que esperan de ti.

8
AGOSTO

Visualización de la vitalidad

Visualízate con energía, vitalidad y gracia. Tu cuerpo es autosanador
y está lleno de potencial. Visualiza todo tu cuerpo
sano, vibrante y vivo.

9
AGOSTO

Tu tarjeta de presentación

Tu presencia te presenta incluso antes de que hables.
Observa cómo lo hace.

10

Rebote emocional

La única forma de superar las emociones negativas
es experimentándolas. Cuando te permites estar en esa experiencia
sin agregar juicios, apresurarte a cambiar tu estado emocional
o sentirte de otra manera, con el tiempo la emoción negativa
no tendrá poder sobre ti.

Ahora lleva tu atención a cualquier emoción negativa que puedas estar
experimentando. Inspira profundamente y exhala. ¿Qué sentimientos
están presentes? Quédate con el alivio que traen unas cuantas
respiraciones más. Experimenta las sensaciones asociadas con la
emoción, observa la conversación y los comentarios que tu mente tiene
que decir acerca de la experiencia. Ahora, con una nueva perspectiva,
libera la emoción, la experiencia y los pensamientos.

Los sentimientos surgen, es parte de nuestra experiencia humana.
A menudo aparecen como un recordatorio de que una parte de ti
necesita sanación y solo cuando lo permites puedes ocuparte de ella.
Las emociones reprimidas simplemente siguen volviendo, así que evita
huir de ellas. Es posible estar en presencia de ciertos sentimientos
sin que nos gobiernen.

11
AGOSTO

Recarga tu energía

¿Te has dado cuenta de que es mejor ser optimista, apreciar más y quejarte menos? El optimismo y la apreciación reponen constantemente tu banco interno de energía.

Cuando cultivas un hábito de optimismo y aprecio, ellos se convierten en tu forma de pensar preestablecida y te permiten vivir mejor. Observa cómo usas tu energía: ¿La usas para quejarte o para apreciar?

12
AGOSTO

Elige las voces internas que escuchas

Tómate un momento para observar las voces que suenan en tu mente. ¿Se basan en el dolor, la ira, el resentimiento y la tristeza? No intentes analizar por qué estas voces están constantemente sonando en tu mente.

En cambio, practica ignorar los mensajes negativos a medida que surgen y elige las voces positivas que se basan en la alegría, la gratitud, la serenidad, el interés, la esperanza, la inspiración, la admiración y el amor. La práctica constante y la autocompasión harán que las voces negativas pierdan su poder.

13

AGOSTO

Eres el milagro

Todo lo que necesitas está dentro de ti ahora.

14

AGOSTO

Muestra tu grandeza

Hoy, observa cuando empiezas a sentir inseguridad. Con el apoyo
de tu respiración, gira los hombros hacia atrás y endereza tu espalda.
Siente cómo tu pecho se abre y se levanta. Recuerda que debes
ocupar espacio. Sé audaz, sé brillante, muestra tu grandeza.
Es tu derecho a ocupar un espacio como ese.

15
AGOSTO

La vista desde el ático

¿Alguna vez sentiste que un viejo recuerdo te impedía avanzar?
Tal vez estás pensando en algo que dijiste y te preguntas si alguien
te estará juzgando por eso. Tal vez te arrepientes por algo
que ya sucedió y que no puedes cambiar.

Sea lo que sea, quizás solo tengas una visión limitada de la situación.
Abre tu lente, aunque sea solo un poco, desde una perspectiva
estrecha a una panorámica. ¿Puedes ver alguna diferencia
con esta nueva vista?

16
AGOSTO

Tu capacidad innata

Ningún trauma es demasiado grande como para no sanar.
Todos tenemos la capacidad de superar traumas y vivir vidas
más pacíficas y tranquilas.

17
AGOSTO

Autocompasión

¿Dónde necesitas sanación? ¿En qué áreas de tu vida aún sientes tensión y malestar? ¿Puedes expandir tu campo de compasión a esas áreas?

18
AGOSTO

No es casualidad

Estás diseñando cuidadosamente a la persona que eres ahora mismo. Es hora de tomar posesión de ese proceso creativo. Hasta ahora lo has elegido todo: lo bueno, lo desafiante, la lucha, la belleza e incluso lo feo. La vida no solo sucedió. La vida no sucede así como así. Has tomado todas las decisiones que te condujeron a este momento y ahora eres más audaz.

19
AGOSTO

Reescribe tus recuerdos temerosos

Reescribes la memoria cada vez que la recuerdas. Así que practica
evocar tus recuerdos desde un lugar de amor y aceptación
para desconectar tu memoria de los sentimientos negativos.

20
AGOSTO

Neutraliza la tristeza

Medita en la tristeza. Vive la tristeza. Experimenta cómo te hace sentir.

Observa cómo cambia la calidad de tu respiración.
Fíjate cómo responde tu cuerpo.

Observa la tristeza como una entidad separada. Respira para
conectarte con tu cuerpo en este momento presente. Esto hace
que la tristeza sea más agradable y así el sentimiento de tristeza
se vuelve neutral.

21
AGOSTO

Sin ataduras

Hoy, practica la generosidad: da generosamente sin ataduras
ni expectativas de agradecimiento o reciprocidad.

22
AGOSTO

Visión

Experimenta la realidad tal como es. La libertad que se obtiene
al hacerlo te aleja de la desilusión y te permite ver la diferencia
entre lo que es beneficioso y lo que es perjudicial para ti
y para las otras personas.

23
AGOSTO

Integridad

Hoy, comprométete a decir solo la verdad y a cumplir tus promesas.

24
AGOSTO

Vive plenamente

Imagina cómo sería tu vida si estuvieras persiguiendo lo que
te hace vivir. Comienza esta visualización desde adentro
hacia afuera: escucha un monólogo interior de apoyo, edificante
y amable. Asegúrate de que tu postura sea recta y segura.
Llevas con gracia una suave sonrisa en tu rostro. Tu cuerpo
está energizado. Hablas de ideas creativas y felicitas a quienes
te rodean. Tienes abundancia de amor y apoyas a quienes
están a tu alrededor.

25
AGOSTO

Historias de dolor

¿Cómo lidias con el dolor en el cuerpo? Observa las historias que te cuentas sobre las sensaciones físicas. ¿Estas historias intensifican el dolor o facilitan tu sanación?

26
AGOSTO

Portales secretos

Al sentarte en medio de tu caos interno, puedes aprender que existen portales que las emociones abren para ti. Estos portales te permiten ver que los obstáculos siempre vienen con una bendición.

27
AGOSTO

Meditación del amor benevolente: la sanación

Comienza por llevar tu atención a la sensación de la respiración en tu cuerpo. Luego repite suavemente estas frases:

Puedo sanar.

Puedes sanar.

Podemos sanar.

Ahora observa cómo te sientes. Usa esta meditación de manera creativa a lo largo de tu día.

28

Resiliencia

Los altibajos de la vida pueden dejarte cicatrices lo suficientemente profundas como para que no quieras confiar en ti o no desees tomar más riesgos. Con la práctica de la meditación viene la autocompasión, la sanación y el perdón. Así, recordarás tu capacidad de levantarte con gracia cada vez que caes.

29
AGOSTO

Bendiciones en silencio

Bendice silenciosamente a todas las personas con las que estés en contacto hoy. Deséales sanación y crecimiento.

30
AGOSTO

Incluso cuando te cepillas los dientes

La participación plena en la vida significa tener gratitud
incluso por las cosas más comunes.

31
AGOSTO

Afirmación de las nuevas posibilidades

"Veo la oportunidad y el amor incluso en las piezas más rotas".

TERCERA
PARTE

LIBERTAD

SEPTIEMBRE

INTEGRACIÓN

1

La felicidad está dentro de ti

La sociedad, nuestras familias y la cultura nos dicen
que si tuviéramos un mejor trabajo, si fuéramos más bellos/as,
si fuéramos más inteligentes, seríamos felices. No nos recuerdan
la magia que llevamos en nuestro interior. No nos dicen que esta magia
es el elixir que hace la felicidad eterna, porque la han olvidado.
Afortunadamente, tenemos nuestro ser interior como recordatorio.

2

SEPTIEMBRE

El poder de la práctica

La meditación aumenta nuestras propias cualidades de belleza,
bondad, compasión y disminuye los sentimientos negativos.
Haz el trabajo.

3

Meditación del amor benevolente: el entendimiento

Lleva tu atención a la sensación que produce la respiración en tu cuerpo. Luego repite suavemente estas frases:

Que pueda entender.

Que puedas entender.

Que podamos entender para nuestro beneficio.

Ahora observa cómo te sientes. Repite esta meditación a lo largo del día.

4

SEPTIEMBRE

Compasión genuina

Tienes que sentir compasión genuina por tu propio sufrimiento para sanarte y sanar a los demás.

5

SEPTIEMBRE

La curiosidad

Valora tus curiosidades en lugar de juzgarlas. Valóralas tanto
que busques aprender más de ellas. Tus curiosidades son
tu corazón que pide ser descubierto, tu misión que pide volver
a la vida, tu pasión que pide manifestarse. Reflejan una inteligencia
más allá de cualquier cosa que hayas experimentado.

6

SEPTIEMBRE

Enseñas y aprendes

Todos los días eres maestra/o y estudiante. Con cada persona
que te encuentras, estás aprendiendo o enseñando. Estas experiencias
reflejan lo que necesitas en ese momento. Reconoce cuándo escuchar
y absorber conocimiento y cuando compartirlo y afirmarlo.

7

SEPTIEMBRE

Los límites del lenguaje

El lenguaje no puede explicar la esencia de la realidad. El lenguaje es limitado y nuestra esencia es ilimitada. Esto se debe a que nuestra mente no puede captar algo más allá del lenguaje, no puede captar nuestra esencia. Solo con el corazón podemos experimentarla.

8

SEPTIEMBRE

Afirmación para ayudar

"Hoy pediré ayuda cuando la necesite y ayudaré cuando pueda".

9
SEPTIEMBRE

¿Qué tan presente estoy?

Siempre hay destellos de iluminación cuando estás presente.

10
SEPTIEMBRE

Meditación de escaneo corporal: rodillas

Siéntate cómodamente en una silla, en el suelo o en un cojín de meditación. Descansa tu atención en las sensaciones de la respiración en tu cuerpo. Suavemente lleva tu atención a tus rodillas. Empieza con las rótulas y luego focaliza tu atención en el área detrás de las rodillas, luego en los lados externos, observa la rodilla derecha y luego la izquierda. Observa el área donde las rodillas y los muslos se juntan, luego percibe el área donde las rodillas y las pantorrillas se juntan. Toma un momento para reflexionar sobre lo mucho que tus rodillas hacen por ti cada día.

11
SEPTIEMBRE

Ajuste

Revisa tus objetivos con regularidad: ¿Te dirigen a la plenitud?
¿Te conducen a la sanación? ¿Hacen daño a alguien?

12
SEPTIEMBRE

Abrázalo todo

Aprende a sostener en tu corazón todas las partes de tu vida.
Hacerlo ayudará a que tus respuestas sean más claras para el mundo.

13
SEPTIEMBRE

Real, pero no verdadero

Cuando estás sufriendo, el dolor puede ser un filtro a través del cual percibes el mundo y proyectas negatividad. Con el apoyo de tu respiración, puedes darte cuenta del filtro añadido y evitar proyectar la negatividad que ves a través de él en la verdad del mundo que te rodea.

14
SEPTIEMBRE

Afirmación para superar las historias

"Hoy me dedico a ayudarme
a recordar quién soy realmente".

15

Desactiva las emociones

Las emociones son energía combinada con pensamientos
en movimiento. En lugar de dejarte llevar por una espiral
descendente de negatividad, puedes detener la espiral de historias
que se reproducen en tu mente. Con el apoyo de la respiración,
lleva tu atención a la sensación física de la emoción detrás
de la historia y simplemente permite que siga su curso.

16

SEPTIEMBRE

Sé el faro

Tu devoción por conocerte hará que quienes estén a tu alrededor
sientan que también hay algo especial en su interior.

17

SEPTIEMBRE

Equilibrio

Hoy, observa tu capacidad de aceptar las cosas con un equilibrio interior que no pueda alterarse por la ganancia o la pérdida.

18

SEPTIEMBRE

Llamado de atención

A veces las pequeñas cosas no te conectan con tu cuerpo y no logras ponerte en contacto con la realidad. Si esto sucede, en ocasiones, algo adverso tiene que pasar para que vuelvas a conectarte con lo importante.

19
SEPTIEMBRE

La verdad

Quédate con quienes buscan la verdad, no con quienes
dicen que la encontraron.

20
SEPTIEMBRE

Actualiza la programación

Observa cómo a veces no sabes qué hacer y reaccionas en base
a tus prejuicios, lo cual te mantiene en los caminos del miedo.
Con la práctica meditativa, puedes vivir proactivamente
al sintonizarte con una inteligencia que va más allá
de tu condicionamiento.

21

Mantén la curiosidad

A veces todo lo que tienes son las preguntas que haces.

22

SEPTIEMBRE

Hábitos emocionales

Bloquear las emociones
es lo mismo que exagerarlas.

23

Parte del rompecabezas

Recuerda, tú juegas un papel fundamental en la familia humana.

24

SEPTIEMBRE

Observa tus prioridades

Lo que era esencial ya no lo es.

25

SEPTIEMBRE

La promesa de más felicidad

El placer siempre dura poco. Buscar placer solo nos deja
con una sensación constante de insatisfacción.

26

SEPTIEMBRE

Amplía tu visión

Practica alejarte de tu experiencia personal y adopta
una visión más amplia que incluya comprender y compartir
la experiencia de otras personas.

27

SEPTIEMBRE

Lo que te sostiene

Busca un asiento cómodo. Siente tus pies en el suelo y tu columna vertebral erguida y relajada. Siente que tu cuerpo se llena con tu presencia.

Cierra los ojos y respira unas cuantas veces. Deja que la respiración levante tu postura. Siente cómo tus costillas se expanden y contraen. Permítete ser tal como eres.

A medida que respiras, imagínate que tu inhalación comienza en la parte inferior de la columna vertebral y viaja hasta la parte superior de la cabeza. Y a medida que exhalas, el aire desciende desde la parte superior de la cabeza hasta la parte inferior de tu columna vertebral.

Lleva tu atención a tu columna vertebral. Envíale gratitud por todo lo que hace por ti, por lo fuerte y poderosa que es.

Observa pacíficamente los sentimientos que surgen de esta práctica y luego abre los ojos.

28

SEPTIEMBRE

Elecciones

Con la práctica, aprendes a distinguir qué sentimientos
son guías para escuchar y cuáles son noticias falsas.

29

SEPTIEMBRE

Aprende a nadar

Acércate a los sentimientos,
pero no te ahogues en ellos.

30

SEPTIEMBRE

Afirmación para el trabajo de tu vida

"Al respirar, me acerco más a mi misión. Al exhalar, suelto los mecanismos de autosabotaje que alguna vez estuvieron dentro de mí".

Octubre

PERDÓN

1
OCTUBRE

Amor disponible

El amor que está disponible para ti no se limita al amor que conoces o al amor que te condicionó. El amor disponible para ti es infinito.

2
OCTUBRE

Da un paso atrás

A menudo, el ruido en nuestra mente nos atrapa. Sé una persona consciente que se aleja del ruido y solo lo analiza. Si en algún momento el ruido se vuelve demasiado fuerte y sientes que te está arrastrando, conéctate con la sensación de tu respiración y recupera la atención de tu espacio interno. Este espacio es tu santuario. Incluso si tu mente no puede estar libre de ruido, siempre tienes la capacidad de dar un paso atrás y dejar que el ruido se produzca sin enredarte en él.

3

OCTUBRE

Meditación de escaneo corporal: suelta el dolor

Siéntate cómodamente. Lleva tu atención a la parte superior
de tu cabeza y lentamente dirígela hacia a la garganta, al corazón
y al vientre. Luego a la parte inferior del abdomen, las caderas
y los muslos. Continúa bajando hasta los pies. Observa qué tipo
de energía está presente en cada parte de tu cuerpo, como
si estuvieras iluminando cada una de ellas para ver lo que
está sucediendo dentro de ti.

Observa si sientes alguna energía o dolor estancado. Y luego
imagina que puedes dirigir la respiración a esa área específica,
trayendo relajación y distensión a cualquier bloqueo
que necesites liberar.

A través de este proceso de visualización estás conociendo
y tomando conciencia de lo que está sucediendo dentro de ti.
Esta práctica puede ayudarte a enfrentar dolores, historias,
imperfecciones, cualquier cosa que pueda residir en tu cuerpo
y que puedas sacar al mundo, con un corazón abierto.

4

OCTUBRE

Deja ir el pasado

¿Puedes soltar todo tu pasado de una vez y dejar de pedir perdón?

5

OCTUBRE

Compartir es ayudar

Abre tu corazón y comparte tu verdad con quienes te rodean. Todas las personas estamos juntas en esto.

6

OCTUBRE

Toma medidas

¿Has notado que solo hace falta un pequeño contratiempo para que te sientas una víctima? Las historias de víctimas suenan a culpa, excusas, negación y a estar a la defensiva. Observa cuando tus pensamientos van por ese camino, y desafíate a probar algo nuevo. Asume la responsabilidad y actúa. Si mantienes las mismas creencias y los mismos comportamientos, siempre tendrás los mismos resultados. ¿Qué puedes hacer diferente hoy para cambiar tu situación?

7

OCTUBRE

Buenos días

Que todo tu ser despierte a lo que ya está sembrado dentro de ti. Mereces la iluminación.

8

OCTUBRE

Visualización para despojarte de limitaciones

Con el apoyo de tu respiración, conéctate con tu cuerpo enraizado
y sostenido firmemente por la tierra. Ahora visualiza
que estás despojándote de todo lo que en tu vida te limita
y te impide conocerte en profundidad. Siente qué te provoca
esta liberación. Cultiva este sentimiento de liberarte de todo
y estar aquí ahora. Recuérdalo y llévalo contigo durante todo el día.

9

OCTUBRE

Afirmación de aceptación

"Amo las partes de mi interior
que no me enorgullecen".

14
OCTUBRE

Libre de contaminación

Tú tienes el poder de dejar de reaccionar exageradamente
ante aquello que sientes que te amenaza, de dejar de alimentar
el ciclo de negatividad al repetir los mismos errores una y otra vez.
Si esto sucede, recurre a tu respiración y encuentra el espacio dentro
de ti que no está contaminado por una mirada negativa.
Encuéntralo, está allí.

15
OCTUBRE

¿Tuyo o mío?

Siempre habrá un gancho para colgar tus proyecciones.
Hoy, observa cuando estés cargándole a otra persona tus propios
sentimientos reprimidos.

16
OCTUBRE

La luz de tu interior

Naciste con una naturaleza inherentemente feliz,
compasiva y creativa. ¿A dónde se fue?

17
OCTUBRE

Elige sabiamente

Tú diriges tu vida. Puedes influir en todo lo que te rodea
con las palabras que hablas y los pensamientos que tienes
en tu mente. Sé responsable e intencional con este poder.
Háblate amablemente y hazlo también con las demás personas.
Vive con palabras y pensamientos llenos de bondad amorosa.

18
OCTUBRE

Domina tu confianza

Cuanto menos te juzgues, más confianza tendrás.

19
OCTUBRE

Afirmación de inspiración

"Soy una inspiración para alguien".

20

OCTUBRE

Afirmación de las olas pasajeras

"Hoy, soy capaz de distinguir la verdad
de lo que está simplemente presente,
por muy difícil que sea lo que se manifieste.
Hoy, no dejaré que la ansiedad
se apodere de mí, y recordaré
que esto también pasará".

21

OCTUBRE

Observa dónde colocas tu energía

No puedes dedicarte a tu sanación y a tus mentiras
al mismo tiempo. Tienes que elegir una u otra.

22
OCTUBRE

Recordatorio

Recuerda, llevas un mensaje divino para alguien.

23
OCTUBRE

Actuar desde el corazón

A pesar de la persona compasiva, abierta y pacífica que intentas ser, quienes te rodean solo pueden conocerte tan profundamente como hayan conocido su interior. Al ser tu mejor versión, inspiras a otras personas a que vayan más profundo en su ser y al hacerlo, eventualmente te encontrarán donde tú estás.

24
OCTUBRE

Elige la compasión

Cuando te perdonas, estás jugando un papel activo en la creación
de un mundo más compasivo y unido. No significa
que tu comportamiento pasado sea ignorado, significa que estás
eligiendo compasión, libertad y un futuro más pacífico.

25
OCTUBRE

El avance

¿Quieres saber si has progresado?
Observa si puedes perdonar a la gente.

26
OCTUBRE

Uno de los pasos más difíciles

Date una buena noticia: perdónate por tus errores.

27
OCTUBRE

Gira el reflector

Cuando la ansiedad te golpea o sientes que los sentimientos
negativos te abruman, respira y aprecia la vida fuera
de ti describiendo cuidadosamente lo que ves.

28
OCTUBRE

La bondad te define

Cuando te das cuenta de que no eres los errores que has cometido, puedes adoptar una nueva y más amable forma de ser. Deja que tus bases ahora estén arraigadas en cuán amable puedes ser contigo y con las demás personas.

29
OCTUBRE

Acciones heroicas

Ponte en una postura de poder, con los pies separados, las manos en las caderas y la barbilla inclinada hacia arriba. Y repite: "Hoy elijo ser un modelo a seguir".

30
OCTUBRE

Guías internas

¿Son tus sentimientos y pensamientos guías confiables?

31
OCTUBRE

Meditación del amor benevolente: la humildad

Lleva tu atención a la sensación de la respiración en tu cuerpo.
Luego repite suavemente estas frases:

Que sea humilde.

Que seas humilde.

Que seamos humildes.

Ahora observa cómo te sientes. Repite esta meditación
a lo largo del día, especialmente cuando sientas
que surge un juicio dentro de ti.

Noviembre

Totalidad

1

El lenguaje del corazón

Las palabras están limitadas por la mente que está llena de viejos
recuerdos, de fantasías futuras, de la necesidad de controlar
e interpretar la verdad en lugar de decirla. El corazón
es más confiable. El lenguaje del corazón habla desde la belleza
y el amor, pero es mucho más silencioso que el lenguaje de la mente.
Tenemos que callar para oírlo.

2

NOVIEMBRE

Dentro de una mentira

Debido a que tendemos a creer en nuestras proyecciones,
haz la promesa de que hoy no proyectarás tus preocupaciones
en tu propia vida o en la de otras personas.

3

Afirmación para los tiempos difíciles

"Envío profunda e intensa sanación y amor a todas las partes de mi ser que todavía están sufriendo. Aunque es un desafío muy grande para mí, lo hago de todos modos".

4
NOVIEMBRE

Meditación de escaneo corporal: ojos

Comienza por sentarte cómodamente. Siente tu columna vertebral, su longitud y espacio. Lleva tu atención a la respiración. Después de algunos ciclos de inhalación y exhalación invita a la relajación a quedarse en tu cuerpo. Ahora lleva tu atención a la actividad que sucede alrededor de tus ojos. Observa el espacio entre cada ojo, la forma en que descansan los párpados. Simplemente observa lo que está presente en esa área: las sensaciones palpitantes, tal vez el aire que toca la piel de tus párpados. Aprovecha esta oportunidad para alegrarte por lo precioso que es tu cuerpo.

5
NOVIEMBRE

Oportunidad de crecimiento

Empoderar a quienes te rodean te ayuda a crecer.

6

NOVIEMBRE

Sanación cultural

Tu sanación personal te está ayudando a disminuir el peso
de cualquier opresión internalizada que sientas o que hayas heredado,
incluso si no eres consciente de ello. Cada vez que eliges decir
una palabra más amable, te estás conectando con la verdad.

7

NOVIEMBRE

Habla por ti

Una vez que tu mente está entrenada para desconectarse
de los patrones y comportamientos habituales de pensamiento
autocrítico, es hora de descubrir cómo enseñarles esto a otras personas.
Eres lo suficientemente fuerte y firme como para defenderte.
Tú lo vales, y lo que dices importa. Cuanto más practiques
hablar por ti, más fácil será.

8
NOVIEMBRE

Permite la pena

A veces, el dolor nos visita. Nadie escapa al dolor de la pena.
No es cómodo sentarse con el dolor. Preferimos alejarlo
con distracciones o cubrir ese dolor con cosas
que traen placer temporal.

¿Qué pasa si decides invitar a la pena? ¿Puedes saludarla y ofrecerle
un té? Observa qué cambia cuando invitas al dolor. Nunca desaparece,
pero se vuelve mucho menos aterrador y tú te vuelves más resistente.

9
NOVIEMBRE

Improvisa

Haz algo bueno hoy. Encuentra una manera de servir a un extraño
espontáneamente. Esto ablandará tu corazón y te ayudará a cultivar
un hábito que conduce a la sanación colectiva.

10

Presta atención a tus reacciones

Cuando un disparador amenaza con perturbar tu paz, concéntrate en la actividad de tu mente y cuerpo a medida que surja el disparador. Observa la interpretación que tiene tu mente del desencadenante. Luego, la reacción del cuerpo a ese pensamiento. Por último, observa tu necesidad de actuar. Reconoce si te atrapa el ciclo de reactividad. Con el apoyo de la respiración, puedes regularte y romper el ciclo eligiendo una mejor respuesta.

11

NOVIEMBRE

Somos seres relacionales

Todas las personas estamos totalmente interconectadas. Cuando permites que tu humanidad se haga visible, te das cuenta de que nos estamos creando mutuamente en todo momento.

12

Afirmación de la fuerza de bien

"Estoy aquí como una fuerza de bien. Me comprometo a ayudar a la evolución de nuestra sociedad. Nada ni nadie puede alejarme de lo que vine a hacer aquí. Les deseo la paz a todos".

13
NOVIEMBRE

Practica en comunidad

El movimiento más radical que podemos hacer es darnos poder
unas personas a otras, cuidarnos unas a otras, practicar en comunidad,
honrar el lugar en el que cada persona esté en su único camino
de sanación, y respetar el sufrimiento y la fragilidad de quienes
nos rodean. Esto es amor. Recuerda que cada persona tiene
su propio camino.

14
NOVIEMBRE

Rediseña tus sentidos

Cuando llevas la mente al equilibrio, empiezas a ver, oír y sentir
con claridad. Estás reclamando el control sobre tu vida.

15
NOVIEMBRE

Tu última respiración

Acuéstate, ponte en una posición cómoda y cierra los ojos.
Lleva tu atención a la sensación de la respiración.

Ahora visualízate en tu lecho de muerte. Piensa en las conversaciones
inconclusas. ¿Qué hubieras querido decirle a tu familia,
a aquellas personas con las que entablaste una amistad
o a alguien con quien te has enemistado?

Siente cómo la muerte se acerca. ¿Qué sigues reteniendo? ¿Qué evitas
expresar honestamente sobre quien eres? Permite que estas
respuestas vengan a ti. Esta es tu última oportunidad de limpiarte.
Profundiza en ese sentimiento. ¿Qué mentiras te has estado diciendo?
¿Cómo has saboteado tu éxito? Permite que las respuestas lleguen a ti.
Siente el último aliento de tu preciosa vida. Toma otra respiración.
¿Qué te gustaría decirles a tus seres queridos?
¿Qué te gustaría decirte a ti?

Que esta práctica te aclare lo que es más importante para ti.
Para salir de esta meditación, respira hondo, abre los ojos
y regocíjate de estar con vida.

16

Pensar es adictivo

El pensamiento obsesivo te mantiene en un estado de adicción inconsciente. Tus miedos te intoxican. Observa cuando crees que no tienes opciones para elegir. Es entonces cuando estás teniendo este tipo de pensamientos.

17
NOVIEMBRE

Microgestión

¿Deseas constantemente que las cosas sean diferentes de lo que son? Esta necesidad de control es lo que te hace sufrir.

18
NOVIEMBRE

Afirmación: convierte tu vida en tu práctica

"Hoy elijo llevar
la práctica de la meditación
a tantas áreas de mi vida
como pueda".

19

NOVIEMBRE

Construye nuevos cimientos

Cada vez que te sumerjas en el silencio interior de tu corazón,
estás arrancando partes de la vieja arquitectura mental.
Dedica unos minutos a estar en tu corazón y reconstruye
los cimientos de tu castillo.

20

NOVIEMBRE

Aprende de la ira

La ira interna siempre se manifiesta. Con la meditación,
puedes volver a la matriz para aprender de tu ira. Date un tiempo
de descanso y toma una decisión diferente.

21
NOVIEMBRE

Déjalas ser

Cuando pones a las personas en una caja, les robas su potencial
de bondad y te robas la experiencia de su bondad.

22
NOVIEMBRE

Elige conscientemente tu motivación

Los sentimientos, buenos o malos, se sienten bien, por lo que siempre
te motivan de una manera u otra. Con la práctica, puedes cambiar
la relación con tus sentimientos y reclamar su poder para elegir
cuáles son buenas guías a seguir.

23
NOVIEMBRE

La condición humana

Cultiva una vida en la que no siempre esperes que todas las personas
se sientan bien todo el tiempo. Tú y quienes te rodean tienen
que sentir sus sentimientos para procesarlos y luego dejarlos pasar.
Los sentimientos pesan más si los haces a un lado o los evitas.

24
NOVIEMBRE

Visualización de la sonrisa

Ofrece un regalo a tu mente: visualízate con una gran sonrisa,
libre de toda ansiedad y miedo.

25

NOVIEMBRE

Observa las historias de tu mente

Practica observar las historias que se desarrollan en tu mente
cuando los sentimientos afloran. Advierte que incluso los buenos
sentimientos pueden desencadenar pensamientos dañinos.

26

NOVIEMBRE

Fusiona el mundo interno con el externo

Prestar atención interna y externamente al mismo tiempo,
es una práctica para recordar confiar en ti, mientras participas
plenamente en el mundo.

27

NOVIEMBRE

Renace

Empieza por llevar tu atención a la sensación de la respiración en tu cuerpo. Luego repite suavemente estas frases:

Que renazca de una manera totalmente nueva.

Que renazcas de una manera totalmente nueva.

Que podamos renacer de una manera totalmente nueva.

Ahora observa cómo te sientes. Repite esta meditación a lo largo del día, especialmente en situaciones interpersonales difíciles o desafiantes.

28

NOVIEMBRE

Botón de pausa interior

Observa que la mayoría de las decisiones que debes tomar no son urgentes. Respira y recompónte antes de actuar. Tomar esos pocos segundos adicionales te permite liberarte del hábito involuntario de pensar, sentir y reaccionar.

29

NOVIEMBRE

Ahora es el momento

Tu oportunidad de soltarte y confiar es ahora.

30
NOVIEMBRE

¿Quién te apoya?

Somos seres intrínsecamente sociales, y nuestra experiencia
en las relaciones puede definir quiénes somos. Debido a que todas
las personas estamos conectadas, observa quienes en tu vida
apoyan tu sanación y quienes desaprueban tu deseo de cambiar.
Aprovecha esta oportunidad para hacer un inventario
de tus relaciones.

Diciembre

Vuelve a tu corazón

1

DICIEMBRE

Dones de gracia

Si te encuentras constantemente buscando amenazas y errores,
haz una promesa de que hoy buscarás dones de gracia.

2

DICIEMBRE

Siempre estás en compañía

La vida siempre te habla. Practica observando los signos y mensajes.
Estos son recordatorios de que las personas estamos totalmente
interconectadas. Solo tienes que recordar cómo sintonizar y escuchar.
A lo largo del día, con el apoyo de tu respiración, ve de la mente
al corazón y observa cómo te responde el universo.

3

Afirmación de alineación

"Hoy, elijo dejar atrás
mi pasado y alinearme
con las más altas armonías.
Que esto me abra a mi esencia
e invoque mi poder".

4

DICIEMBRE

Meditación del amor benevolente: el trauma

Lleva tu atención a la sensación de tu respiración en tu cuerpo. Luego repita suavemente estas frases:

Puedo soltar mis traumas.

Puedes soltar tus traumas.

Podemos soltar nuestros traumas.

Ahora observa cómo te sientes. Repite esta meditación a lo largo del día, pero especialmente si te das cuenta de que un evento pasado te está bloqueando.

5

DICIEMBRE

Regala tus dones

Al ayudar a otras personas, encuentras la verdad.

Al verlas, encuentras tu ser interior.

Al ayudarlas, encuentras las piezas que faltan para tu sanación.

Al reconocer a las demás personas, entras en contacto con la bondad.

Y si quieres quedarte con estos dones, debes seguir regalando los tuyos.

6

DICIEMBRE

¿Cómo te hace sentir?

Algunas cosas se sienten bien, pero pueden no ser buenas para ti.
Observa cómo te sientes después de realizarlas: ¿Te sientes sin energía
o con poder?

7

Meditación de escaneo corporal: caja torácica

Cierra los ojos y presta atención a la caja torácica, primero el lado
izquierdo y luego el lado derecho. Siente la respiración llenando
los espacios entre cada costilla. Con cada inhalación, observa
cómo los pulmones se expanden hacia afuera, acercándose
a la caja torácica, y con cada exhalación observa cómo los pulmones
se contraen hacia adentro, alejándose de ella. Quédate con
esta sensación durante el resto de tu práctica de cinco minutos.

8

DICIEMBRE

Expándete

Expande tanto tu ser que puedas incluir a la naturaleza, los océanos,
las personas que quieres, las almas afines en todo el mundo y todos
los seres en todos lados, conocidos y desconocidos.

9

DICIEMBRE

¿Quién soy yo?

Practica preguntándote: "¿Quién soy yo?". Permite que
las respuestas lleguen a ti. Haz esto gentilmente y surgirá
de la mente una paz interior que te conectará con tu esencia.

10

DICIEMBRE

Compromiso desde la paz

¿Cómo te sentirías si te involucraras con el mundo todo el tiempo
desde un lugar de paz? ¿Qué te detiene?

11

DICIEMBRE

Afirmación de confianza

Hoy deseo más confianza.

*Confío en que cuando las puertas se cierran,
otras nuevas se abren de par en par.*

*Confío en que cuando la gente deja de estar en mi vida,
es para mi crecimiento y transformación.*

*Confío en que todo lo que necesito o necesitaré
está dentro de mí ahora.*

Confío en que mis ideas importan.

*Confío en que ayudando a otras personas a levantarse,
también yo me levanto.*

Confío en el camino que estoy siguiendo.

12

DICIEMBRE

La necesidad de aprobación

¿Sabías que la humillación del pasado podría aparecer
en el presente como una necesidad desesperada de validación?
La vergüenza tiene muchas caras, y esta es una. Observa cuando
estás haciendo las cosas por necesidad de aprobación.
Respira y di: "Yo me apruebo".

13

DICIEMBRE

Perdona y perdónate

Si estás buscando el perdón, tienes que buscar maneras
de crearlo para otras personas. Ayuda a otros a perdonar.
Si quieres ayudarte, perdona.

14
DICIEMBRE

La biblioteca

Llega un momento en que puedes ver tus propios traumas
como si estuvieras leyendo un libro sobre la vida de otra persona.
Se convierte en una opción para caminar hacia la estantería
y tomar ese libro viejo y polvoriento o comenzar un libro nuevo.

15
DICIEMBRE

¿Dudas de la paz?

Nos acostumbramos a complicar demasiado las cosas y a analizar todo
en exceso, de modo que cuando encontramos la paz en la simplicidad,
empezamos a considerar la idea de que esta simplicidad no puede ser
realmente paz. Pero sí puede.

16

Visualización de intercambio creativo

Siéntate cómodamente. Cierra los ojos y respira profundamente tres veces para liberar el cuerpo y la mente de cualquier tensión.

Ahora comienza a visualizar a alguien que encarna la compasión, la sabiduría y el poder, y está sentado justo aquí frente a ti.

Inhala y exhala desde el centro de tu corazón.

Inspira y visualiza recibiendo compasión, sabiduría y poder en forma de luz dorada purificadora desde su corazón hacia el tuyo.

Mientras exhalas, visualiza un humo oscuro saliendo de tu cuerpo, liberando con él todas las cosas que no te sirven.

Continúa este intercambio creativo durante unos minutos. Con cada inhalación y exhalación estás purificando tu mente y despertando tu compasión innata, tu sabiduría, poder y luz.

17
DICIEMBRE

La raíz

Solemos creer que nuestra felicidad depende de las personas,
los lugares y las cosas. Esta creencia nos hace mantener un control
estricto sobre el mundo, exigiéndole que sea como esperamos
que sea, sin dejar espacio para el cambio. Tal apego lleva
a un sufrimiento innecesario. ¿En qué áreas de tu vida podrías
soltar ese apego?

18
DICIEMBRE

La belleza fuera de ti

Cuando tus pensamientos sobre el futuro te atrapan y tu ansiedad
aumenta, respira y practica sumergirte en la belleza que hay
fuera de ti. Esto te devolverá al centro de tu corazón y surgirán
soluciones más allá de la lógica.

19
DICIEMBRE

Acepta los elogios

¿Sientes que no mereces los elogios que recibes por tus logros? Para el mundo, probablemente muestres que aceptas bien los elogios, pero internamente estás cuestionándote tu valor y legitimidad.

Aquí está tu recordatorio de que no eres un fraude. Con el apoyo de tu respiración, toma conciencia de tus logros mirando desde el exterior hacia adentro. Verás que no eres el fracaso que crees que eres. Para reforzar esta práctica, escribe una lista de los cinco logros que te enorgullecen.

20
DICIEMBRE

Afirmación para la recuperación

"Se necesita valor para recomponerme.
Me estoy recuperando lentamente
de mi adicción al sufrimiento".

21
DICIEMBRE

Un rápido retorno al ser

¿Cómo regresas al amor que llevas dentro? Perdónate un poco todos
los días. Conecta con la respiración y repite en tu mente:
"Cualquier daño que haya causado a otras personas, que me perdonen.
Cualquier daño que me haya causado, me lo perdono".

22

DICIEMBRE

Afirmación de la totalidad

"¡Yo, (*tu nombre*), veo, escucho, siento
y sé que soy una persona completa!".

23

DICIEMBRE

Cuando eres libre

Cuando entres en el momento presente, observa cómo tu mente
se libera de todos los pensamientos negativos. En esa libertad
encuentras la belleza, la creatividad, la alegría y la paz interior.

24

Tú eres suficiente

Por hoy, comprométete a dejar de buscar validación externa.
Apoya tu intención con esta meditación.

Inhalando, di: Yo soy

Exhalando, di: suficiente.

Inhalando: Donde estoy

Exhalando: es suficiente.

25

DICIEMBRE

Mide la profundidad de tu amor

Sal de tu propio camino y déjate caer en tu corazón.
Cuando llegues, mide la profundidad de tu amor. Esto te dirá
cuán plenamente estás viviendo.

26

DICIEMBRE

Afirmación de la energía sanadora

"Con cada paso que doy hoy,
envío energía sanadora directamente
a la parte de mí que más la necesita".

27

DICIEMBRE

Tu otra voz

Reconcíliate con la voz ruidosa en tu mente.
Atiéndela con compasión y perdón. Solo entonces podrás
tener relaciones saludables con otras personas.

28
DICIEMBRE

Estás completamente aquí

No puedes estar en el pasado, en el presente y en el futuro
al mismo tiempo. Trata de estar plenamente aquí, de lo contrario
la vida se te pasa.

29
DICIEMBRE

Contempla

Al entrar en contacto con personas, lugares y cosas,
practica simplemente prestar atención sin dejarte llevar
por la emoción de juzgar a las personas y a todo lo que te rodea.

30
DICIEMBRE

Cincuenta promesas

Estimado/a [*tu nombre*], este año te prometo:

1. Nutrirme cuando me sienta sin energía.

2. Abrirme a la sorpresa.

3. Aprender de mis errores.

4. Perdonar y buscar el perdón.

5. Creer en mí.

6. Mirar dentro cuando sienta alguna amenaza.

7. Decir la verdad.

8. Dejar de compararme con otras personas.

9. Explorar nuevas ideas a menudo.

Continúa

10. Abandonar las expectativas.

11. No preocuparme por lo que otras personas puedan pensar o decir sobre mí.

12. Detener todos los pensamientos de odio.

13. Creer en mi propio camino.

14. Evitar tratar de hacer las cosas perfectas.

15. Vivir completamente en el Ahora.

16. Trabajar fuera de mi zona de confort.

17. Amar la simplicidad.

18. Reírme a menudo.

19. Rodearme de buenas personas.

20. Hablar.

21. Vivir en equilibrio.

22. Cuidar mi cuerpo.

23. Aceptar el misterio.

24. Dejar de pensar que esto es un ensayo general.

25. No creer todo lo que pienso.

26. No creer que cada sentimiento sea una guía correcta para mi vida.

27. Decirle no a las personas que constantemente se oponen a mi sanación.

28. Llorar a menudo.

29. Estar en la naturaleza a menudo.

30. Aceptarme completamente.

31. Revisar mi interior a menudo.

32. Seguir adelante.

33. Saber que mi pasado no define quién soy.

34. Pedir ayuda y ayudar a otras personas siempre que pueda.

35. Abrazar mis imperfecciones.

36. Empezar de nuevo, cada vez más fuerte.

37. Expresar gratitud a menudo.

Continúa

38. Ser flexible

39. Ser paciente.

40. Practicar actos aleatorios de bondad.

41. Desarrollar estrategias de sanación para enfrentar el dolor y el sufrimiento.

42. Dejarme fluir.

43. Dejar de hablarme mal.

44. Dejar de tratar de ser alguien que no soy.

45. Recordar que todo es temporal.

46. Aceptar el cambio.

47. Ayudar a otras personas a sentirse bien.

48. Amar más profundamente cada día.

49. Creer de todo corazón en mi bondad.

50. Deleitarme en mi propia magia a menudo.

31

DICIEMBRE

Visualización de Año Nuevo

¿Dónde estuviste la última víspera de Año Nuevo?
Permite que los momentos de felicidad de tu último año pasen
rápidamente como un momento destacado en tu mente.
Luego, permite que un rayo de los momentos de tristeza brille
en tu mente. Ahora, expresa gratitud por todo esto y pregúntate:
"¿Cuál es la lección más importante que aprendí este año?".

Respira profundamente y, mientras exhalas, visualiza dejar de lado
cualquier cosa que pueda ser un impedimento para que tengas
tu mejor año. Respirando, pregúntate: "¿Qué quiero cultivar
el próximo año?". Permite que las respuestas lleguen a ti.

Tómate un momento para disfrutar de la alegría que viene con esta
visualización llena de bendiciones y lecciones. Respira y, mientras
inhalas, envía una bendición a cada situación que se te presente
en el nuevo año.

LECTURA COMPLEMENTARIA

Chödrön, Pema. (2013). *How to Meditate: A Practical Guide to Making Friends with Your Mind.* Boulder, CO: Sounds True.

Dass, Ram. (1990). *Journey of Awakening: A Meditator's Guidebook.* Nueva York, NY: Bantam.

Gyatso, Gueshe Kelsang. (2012). *The New Heart of Wisdom: Profound Teachings from Buddha's Hear.* Glen Spey, NY: Tharpa Publications.

Kornfield, Jack. (1993). *A Path with Heart: A Guide Through the Perils and Promises of Spiritual Life.* Nueva York, NY: Bantam.

Hanh, Thich Nhat. (1991). *The Miracle of Mindfulness: An Introduction to the Practice of Meditation.* Boston, MA: Beacon Press.

Hanh, Thich Nhat. (1991). *Peace Is Every Step: The Path of Mindfulness in Everyday Life.* Nueva York, NY: Bantam.

Kabat-Zinn, Jon. (2005). *Wherever You Go, There You Are: Mindfulness Meditation in Everyday Life.* Nueva York, NY: Hachette.

Salzberg, Sharon. (2010). *Real Happiness: The Power of Meditation.* Nueva York, NY: Obrero.

Suzuki, Shunryu. (2011). *Zen Mind, Beginner's Mind: Informal Talks on Zen Meditation and Practice.* Boulder, CO: Shambhala.

Wallace, B. Alan. (2006). *The Attention Revolution: Unlocking the Power of the Focused Mind.* Somerville, WI: Wisdom Publications.

Warner, Brad. (2010). *Sit Down and Shut Up: Punk Rock Commentaries on Buddha, God, Truth, Sex, Death, and Dogen's Treasury of the Right Dharma Eye.* Berkeley, CA: New World Library.

AGRADECIMIENTOS

Me gustaría expresar mi profunda gratitud a Meg Ilasco por pedirme que escribiera este libro, y a mi editora, Melissa Valentine, por su apoyo y por ser una superestrella en todos los sentidos.

Quiero agradecer a mi hermana, Moun D'Simone, por ser mi mayor animadora y por empujarme siempre a decir mi verdad más profunda. A mamá, papá y mi hermanito, Micky, ustedes son mi apoyo. Sin ustedes, no hay historia.

A todos mis maestros, no estaría aquí si no fuera por ustedes: Su Santidad el Dalai Lama, Lama Zopa Rinpoche, Krishna Das, Venerable Joan Nicell, Ram Dass, Thubten Gyatso, Geshe Gelon Sonam, Amma, Govin Sharan, Sharon Salzberg, Gesge Kelsang Wangmo, Richard P. Brown, MD; Joe Loizzo, MD, PhD; Dr. Miles Neale.

Gracias de todo corazón a Luke Simon, Lisa Levine y Brett Bevell por darme mi primera oportunidad de enseñar. Y mis queridos amigos Gabriel Marques, Ruby Warrington, Lakshmi Junia, Ashish Gupta y Tiffany Kappeler, ¡Los quiero!

A todas las personas increíbles que conocí a lo largo de mis viajes, gracias a todos por ser el eje central de mi viaje.

¡TU OPINIÓN ES IMPORTANTE!

Escríbenos un e-mail a **miopinion@vreditoras.com**
con el título de este libro en el "Asunto".

Conócenos mejor en:

www.vreditoras.com

f ⃝ vreditorasmexico

🐦 vreditoras